大展好書 好書大展

大展好書 好書大展

命理與預言16

女巫的咒法

威巴・克莉絲基娜／著
柯 素 娥／譯

大展出版社有限公司 印行

序言

一九八三年的秋天，在南義大利一個名為艾古里村的地方，一名「女巫」被逮捕了。

女巫的名字為安娜・達瑪羅，六十四歲。

安娜說因為八年前丈夫逝世，所以便使用黑咒術，陷害嘲笑自己的人，或是沒有帶來賄賂的村人，使他們相繼發生疾病或火災等不幸事件。

村子有一個新搬來的家庭，沒有繳納金錢獻給安娜，在忽然之間丈夫即因原因不明的腹痛而被抬到醫院，據說，這家子最後終於繳納金錢給安娜，請求原諒、寬宥。

神父的祈禱全然無效，在安娜的詛咒之前，村人們只是一味地害怕、恐懼，只會叩首跪拜，除了對她唯命是從之外，別無他法。

另外，當一九八二年南義大利大地震，整個村子遭受大災害時，也只有安娜的石造房屋完全安然無恙，躲過一劫，因此，更令人感到有一絲兒毛骨悚然。

這名一直君臨著小村莊的女巫，終於也被一位從別處移居而來的餐館老闆向警察反告了一狀，因恐嚇及詐欺的嫌疑而被逮捕了。似乎只有此時，才是安娜的詛咒不靈驗的時候。

這則來自義大利的新聞，將現代仍栩栩如生、仍會令人恐懼萬分的女巫力量，清清楚楚地向我們呈顯出來，以及只為了一己的利益而亂用咒語是如何地恐怖，都傳達給我們。

只為了滿足自己的慾望，即使用咒語，在現代也和「犯罪」脫不了干係。如果使用錯誤的方法，那麼，咒語的災禍就反而會降臨在自己身上。女巫安娜的事件，可以說確實地描寫了這樣的詛咒的恐怖吧。

目錄

女巫的咒法

★第一章　在血腥及詛咒中被神化的女巫們

女巫儀式的種種及歷史——

✡ 1 成為女巫的儀式

●所謂女巫是表示「有智慧的女性」的名詞

女巫一詞，在英語中為Witch，意為魔女、妖婦等等。它原本是源自於古英語Wicce，表示有智慧的女性。許多女巫的研究家們解釋，在古代社會便已發現女性所擁有的特殊的神秘能力，而特別稱學習這種能力的女性為女巫，然而，一到了後世，顯示女巫並不一定只限於女性，非得女性才能擔任。儘管非女性的女巫是少數的，但男性的「女巫」仍然存在著，這種現象直至現代未變。

舉例來說，使古代宗教復活，奠定名為佳多那派女巫宗派的英國人喬蘭多·佳多那博士，被認為雖是男性，但也無疑是一名「女巫」。順便一提，喬蘭多·佳多那博士是二十世紀前半期活躍於女巫宗教領域的人。在位於英格蘭與愛爾蘭之間的曼恩島南端，一個名為奇亞斯魯威的古老城鎮，設立了「女巫博物館」，他因此事而聲名大噪（這座博物館，由於後繼者是一名女性的巫師，很遺憾地被賣掉了，現在並不存在）。

在歐洲的歷史之中，許多女巫出現，而成為女巫審判的犧牲品的女巫人數，僅僅在十

殘留於曼恩島的女巫博物館的女巫集會所遺跡。

六世紀及十七世紀就輕易地超過二十萬人。

這樣的女巫之一，英格蘭的奧爾達恩有一名名爲伊莎貝爾·加伍帝。根據她一六六二年所進行的告白，她因爲在砂丘上遇見的惡魔，而被迫進入巫教，據說，她可以使自己化身爲野獸。可以化身或飛在空中的能力，是女巫所擁有的能力之中最典型的。女巫除了這些能力之外，也被認爲可以透視解讀人的心理。

被預選爲女巫的女性，也一一成爲女巫，如此一來，並不是女巫絕對來自人類的世界不可。

●惡魔與女巫不可思議的契約

爲了成爲女巫的儀式，亦即女巫的入教儀式，是異端審問及女巫狩獵等等，已成爲確立的項目。根據這個儀式，女巫的入教，意味著與惡魔訂立契約。女巫正因爲有惡魔才有其本身的存在，若惡魔不存在，可以說，不能認爲女巫是存在的。

女巫的入教是與惡魔之間的契約，稱這種關係爲「契約」的地方，的確是歐美。縱使無論多麼希望成爲女巫，還是無法自行成爲女巫。作爲契約的另一造，惡魔經常存在著。關於所謂的惡魔爲何？將在後文提及，但被這種惡魔所預選的人，只有自己也希望成爲女巫者，才得以成爲女巫。

那麼，作爲爲了成爲女巫的儀式，大概是有相同的儀式吧！這種儀式，無論根據時代或是根據場所，似乎都有些微差異。然而，一看簡略的概要，便可發現：在女巫的入教儀式上，如下的儀式，作爲共通的部份而一直浮上檯面。

①拒絕基督教。基督教因爲是反對信仰惡魔，所以反過來說信仰女巫的宗教，巫教當然必須拒絕這個宗教。基督教所繫掛的十字架或儀式，不消說也當然得加以否定。

②約束入教者需服侍惡魔。對女巫而言，惡魔是絕對的存在。因此，惡魔所說的話便是絕對者所說的話。遵循這些指示，被視爲理所當然之事。

③不忘儘可能地宣傳信仰惡魔（信仰女巫）教義的努力。增加新的信徒，被視爲女巫的義務。

④不怠忽女巫信仰的儀式，用心地實行一切儀式。在典型上，有必要定期地召開由十三名女巫所組成的女巫集會，稱爲「科文」（coven）。

在入教的儀式之中，女巫被命令誓言對惡魔的忠誠。

⑤惡魔及女巫的團體之中，必須學會作爲女巫的識別方法，或是具有作爲女巫的識別方法。也就是說，很顯然地明瞭女巫應具有什麼條件。女巫被認爲身體的各部上雀斑或黑痣很多。

⑥召開被稱爲主日的大規模「女巫集會」，是女巫的義務。這一點意味著加强了女巫「同志」的約束力量。

女巫入教雖是一種契約關係，但從女巫方面來說，並不僅僅是「給予」而已，而從惡魔方面來說，「獲得」也是理所當然之事。也就是說，兩方具有平等互惠的關係，雙方互惠各取其利。

如果是那樣，那麼，由於入教成爲女巫的女性，可以從惡魔身上獲得的東西是什麼呢？

那是「性的滿足感」。女巫入教的儀式一結束，性的儀式就在旁等候著的情形很多。這是一種與惡魔的性接觸，一般認爲，一定可以得到滿足感。與惡魔的性交，有時當然是在入教之前進行。一般認爲，與惡魔性交可以獲得與常人性交時無法得到的愉悦，因此，也有無法忘記惡魔的存在，而成爲女巫的女性。

性的儀式，大多數的情形，似乎是於主日宴會（女巫集會或女巫派對）舉行的儀式較多。
雖然如此一來「給予」也較多，但是，一旦成爲「獲得」之處較多的女巫，則一般認爲，這種女性是無法再回到人間界。即使外貌上是作爲人間的女性而存在著，因爲心靈及魂魄已委身於惡魔，所以毫無選擇之途。
爲了作爲女巫入教的可靠憑據，可以訂立入教誓約書，這些誓約書，現在仍留下數份。一看這種東西，便可發現誓約書是被用反射鏡寫作方式書寫的。所謂的反射鏡寫作，也被稱爲「鏡映文字」是將恰好的文字寫在鏡子上的狀態。因此，在從左至右書寫之際，也被印上奇異的魔印。

✡ 2 女巫們所具有的東西

魔印

女巫為了證明其身份，以及進行魔法或咒法，擁有必要的東西。女巫證明其為女巫的信物，是「女巫的印記」，這種「女巫的印記」，是從出生起便附帶而來的先天性印記。舉例來說，有雀斑或黑痣。這些情形，可以決定一個女性從出生起便生而為女巫的命運。

作為諸如此類的先天性印記，最容易被視為標記之一的，是乳頭。通常，一般認為女性左右兩側各有一個乳頭，然而，也有女性在乳頭部位又有小的腫脹。在異端審問等情況之際，如此的腫脹被視為多餘的乳房而被列舉出來，也被視為是女巫的確實証據。

雀斑或黑痣，也被看作女巫的刻印。原本刻印並非一切的雀斑或黑痣，似乎被限定於某種印記，呈現蝙蝠的形狀的印記、類似於小動物樣貌的印記，在歐洲共通地被認定是女巫的証據。其理由是因為，女巫藉由其詛咒的力量，將如此與生俱來的東西作為自己的使喚嘍囉而加以利用。爪牙的種類因地方也有所不同，有些地方，甚至連跳蚤也被看作女巫的爪牙。在這樣的地方，被跳蚤咬過的痕跡也被視為女巫的證明。

作爲後天性的印記，是刀傷、被動物咬過的痕跡，甚至連由於不同情況所產生的身體的變形，也包含在內。因爲，這些印記被認爲是惡魔根據其意思而附加上去的。

藥草

女巫爲了施行魔法及詛咒術，已知她們會使用某種藥草。比方說，名爲艾蜜萊·康帕内的植物的根部，是爲了使人遭受愛的詛咒術而被使用。將艾蜜萊·康帕内的根部，與蘋果、香料加以混合，滲入一些水。這種在聖約翰節的前夕被掘起而製成的春藥，被稱爲「夏娃」，人們相信，它作爲使不肯屈從、無法誘惑的對象，成爲愛的俘虜的藥物，是很有效的。

在法國中世紀的情詩《杜利斯達與伊柔爾黛》之中，伊柔爾黛的母親打算想讓自己的女兒和國王結婚，一般認爲，被科恩奧爾王呑下去商標的模糊字體，是「夏娃」兩字没錯。

基於詛咒對方的目的而使用藥草，是水芹或莪菜的一種所做的藥草，將這些藥草溶解於古老、腐敗的葡萄酒裏，將加入酒裏的玫瑰的刺扎入詛咒用的人偶之中的方法，經常被採用。

利用毒藥歐傷牛草，也是女巫所熟悉的藥草。在有女巫的地方，便有歐傷牛草——就像一般人所認爲的一樣，女巫巧妙地調和歐傷牛草的根及葉，非常擅於製作迷幻藥。這種調和的方法被認爲是秘傳之物，如果並非女巫的人姑且看看學學，久而無師自通，想要製作秘藥的話，不僅没有效果，而且只有毒性能發揮作用，而遭受出乎意料、不可挽回的實際害處所波及的，是堰堤、河壩。

仙人掌也是有效的植物，藉由巧妙的調製法，可以製作造成幻覺作用的秘藥。

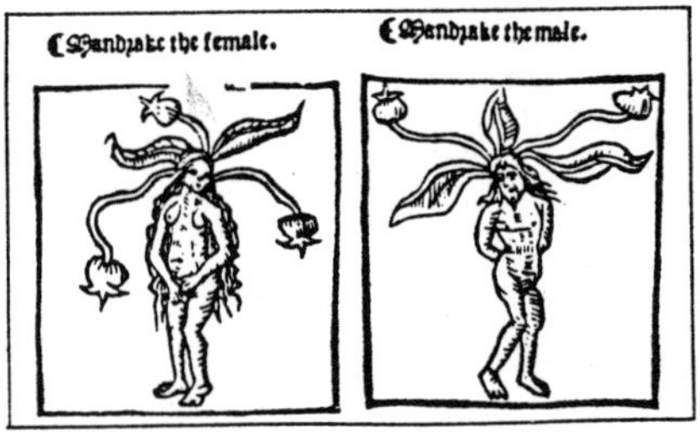

秘傳的藥物是由歐傷牛草製成的。

人偶

女巫在使用詛咒術的時候利用人偶的情形頗多。最典型的，是詛咒用的人偶。這樣的人偶實物，由於目前被收藏於博物館等處，因此仍可見到。

作爲單純的人偶，有一種做成人的形狀，切掉木頭的部份而使用。有些是費工夫、黏土製的精細工藝品。這種人偶並不單單是黏土的成分，其中也混入了動物的血液及弄碎的骨頭之類的成分。

大多數的情形，女巫並不是經常帶著這種人偶，一般認爲，女巫唯有在接受作詛咒的委託的時候，才按照需要而製作人偶。在要詛咒對方死亡的時候·應將那個受詛咒的對象身體的一部份（例如頭髮）加以混合，儘可能地製作相似於對象的人偶。

爲了要使單戀的戀愛成功，則應製作二個人偶，也施行使特別製作的愛的液體傾盆而注的咒法之類的方法。

女巫爲了提高自己的魔力，被認爲有時也會帶著人偶。根據女巫與魔王亦即惡魔的契約，女巫雖已被賦予了卓越的魔力，但使其魔力更加出色的能力的關鍵，是全憑努力而定。爲了達成此一目的，女巫藉由喜好的動物的骨骼而製成人偶。

以頭部而言，人猿的頭蓋骨被使用的情形很多。爲了利用秘法而提高詛咒的效果，女巫也在頭蓋骨上刻入各種魔符或魔字。像這樣的人偶，幾乎看不到，其原因，是因爲女巫們害怕因這些魔符或魔字被人看見而失去魔力所致。

骷髏或劍等，是女巫的詛咒儀式上所不可或缺的小道具。

房屋

女巫住在何處呢?女巫並沒有人自己堂而皇之地稱爲女巫。女巫所擁的魔力，大都是悄悄地被行使。原本仍在初期之時，女巫有時似乎也堂而皇之地自稱爲妖術師或占卜術。

對女巫而言，作爲其差遣使喚的嘍囉，擁有數百隻的許多種小動物，是很平常之事。儘管如此，並不是說需要飼養這些小動物的場所。因爲牠們只有在遵循女巫的命令的必要時刻才現身，除此之外的時刻，就像看不見一樣，被迫消失蹤跡。

十七世紀前半期，德國的巴布爾固市市長喬尼伍斯的妻子，被當作女巫而受到處刑，正如從此一事件所瞭解的，連與市政有關的高官之妻，也可能是女巫。此事意味著，也有女巫住在豪邸的。

法器

提到女巫，大概有人會想到描繪了她們跨騎在法器上的形貌影像吧。作爲法器的代替品，有時手杖也被使用。據説，由於使用的人，這些東西其實是魔法之棒，飛行在夜空的東西，偶爾可以看見法器之類。另外，在心理學者之中，有人主張，女巫及信仰女巫包含了强烈的性方面的意味，而法器或手杖是象徵著男性的性器。

香油

女巫無論跨騎在法器上，或是使用手杖，反正不管如何，都可以飛翔於空中。然而，在任何一種情況，都有不管如何也不可或缺的東西，那便是香油。一般認爲，香油與身爲動物的願望有關。

歐洲的女巫曆

月/日	各種宴會
2/1	聖燭節的女巫夜宴
2/14	德落伊曆2月21日，因女巫而定的犧牲品供獻日，在愛爾蘭等地舉行。
4/30 ｜ 5/1夜	瓦魯布爾奇斯的女巫夜宴。
5/1	在英國康奧爾地方秘密地進行的女巫的舞會。
7/31	收穫季的女巫夜宴。
10/31夜	哈羅維恩（哈羅馬斯的通宵祭典），女巫及妖怪出現的祭典。
10/31	萬聖節的女巫夜宴

3 被沾滿血腥的女巫歷史

●惡魔原本是神祇……

女巫的存在，無法排除惡魔的存在而思考。

「所謂的女巫，是被惡魔說服，受到惡魔的感化，根據與惡魔所訂立的契約，使天地產生異變，半夜飛行於空中，沈湎於狂歡宴，不敬畏神祇的女性。」

這是記載於威廉・維斯特所著的《教義書》之中的女巫定義的大要。只要一翻開寫了關於女巫的衆多的書籍來看，或是，即使從爲了說明所有的女巫而引出惡魔爲例証來看，作爲女巫的前提，惡魔的存在是很明顯的。雖然前面已觸及在女巫之中有男性的巫師一事，但因著作《法國史》而聲名大噪的法國歷史學家密修雷，針對男性的巫師或行使妖術的人數，女性約佔一萬人的比率，正如他所寫的，大多數的女巫的確是女性。

那麼，成爲女巫的前提而存在的惡魔，是什麼時期產生的呢？

就古代文明發源地之一的巴比倫或亞述地方的古代宗教而言，一般認爲，已經充滿敵意的靈魂很快地會成爲惡魔。人們都說，惡靈因其心靈邪惡的，而變成醜陋動物的形貌。

如此的想法，被阿拉伯人所承繼，惡魔被視為最危險的存在之惡魔思想，於焉形成，這種思想，後來與給予基督教思想影響的猶太教惡魔思想相關聯。

基督教誕生以前的猶太教，有一派稱為庫林姆蘭的宗派。庫林姆蘭宗派的教義被寫於《死海抄本》一書。在此處，作者認為善惡兩方的使者被分為天使及惡魔。也就是說，惡魔原本並不是一開始就是惡魔，即使本是善的存在之天使，由於某個契機而被視為惡的存在之惡魔。在古代宗教之中，失去人們歡迎的神，無疑地也有被迫化身為惡魔的時候。

●撒旦的登場

惡魔並非模糊的存在，它更具體呈顯的地方，在於基督教。

在舊約聖經的「前加利亞書」，撒旦站立於大祭司約修亞的右側，反駁在神的面前報告人們罪狀的約修亞。在「約伯記」，他作為神的子女之一而被禮遇著。也就是說，撒旦原本是服伺神的天使之一，其任務為將人們的行動報告給神。

因此，在聖經的「以撒亞書」之中，魯西惠爾登場了。魯西惠爾被認為是黎明之子，為了心腸壞而降落人間。他過度相信自己的力量，雖然嘗試向神挑戰，但由於密卡埃爾及其使徒而敗北。這個故事被混淆了，撒旦被相信是和魯西惠爾同一個人，而且，最後被稱為大魔王或撒旦。

原本是善的領域的惡魔，雖被認爲是因神而墮入地獄的魔鬼，但他對神懷有惡感、恨意是理所當然。因此，也令人們背叛神，想努力於加入惡魔那一夥的同伴。這便是惡魔的誘惑。惡魔所進行的誘惑，有三種方法：

第一是以肉體的滿足爲誘餌的誘惑方法。第二，是藉機利用人們奢侈浮華之心靈的方法。對高傲的人而言，這是非常容易乘虛而入的誘惑。第三是藉由讓人們的佔有慾得到滿足的誘惑方法，大多數的情況，這種方法是依據與惡魔訂立的契約而實行。這些誘惑方法，雖有時候照順序而實行，但是，完全置於惡魔的支配之下的，是依據契約本身行事。

關於惡魔的誘惑，也許在女巫誘惑的項目會再一次提及，但在此想要先提一提，惡魔所希望誘惑的人們，並不一定只是意志薄弱、迷信很深的人而已。即使是所謂的聖女，惡魔仍會加諸行動。因爲此例而聞名的，是居住在十七世紀法國魯但修道院，被稱爲「天使嘉恩奴」的年輕修女所遭受的誘惑。成爲女子修道院院長的嘉恩奴所在的魯但城鎮，有一名叫紐爾巴．庫拉迪埃的英俊主教，被派遣來擔任教區司祭。他誘惑了修女們，也令嘉恩奴面對他的話心跳不已。被拒絕打算將某種地位提供給庫拉迪埃的嘉恩奴，陷入了歇斯底里的狀態。如此一來，很快地數名修女也呈現了相同的症狀。

嘉恩奴的父親是男爵，社會地位也很崇高。雖然除魔的祈禱師被派遣到修道院，但呈現歇斯底里狀態的修女們，仍不停地呼喚庫拉由埃的名字。大主教的隨侍醫師，診斷出修女們正受到誘惑。

除魔的儀式被舉行了，祈禱師雖然在從嘉恩奴等人身體之中驅逐惡魔上，獲得了成功，但惡魔是被迫與祈禱師訂立同意驅逐出境的契約。

這份契約書，目前仍留在巴黎的國立圖書館，署名爲阿斯莫狄伍斯，日期爲一六二九年三月十九日。由此一事件，可以瞭解附身於嘉恩奴的惡魔，名叫阿斯莫狄伍斯。因爲，契約書的內容正是，當從嘉恩奴身上離去時，根據在心臟之下製作如針的長度般的傷口，作爲約定的證明。

庫拉迪埃將自己與惡魔魯西惠爾之間互相交換的契約，藏匿於自宅，但被發現了，被視爲他身爲惡魔的爪牙而未行動的証據。一六三四年六月三十日，他被處以火炙之刑。那個時候，執行祓禊惡魔除去不祥的祈禱師們，之後全都留下了完成奇妙死亡的記錄。

●女巫自古代便已存在

女巫活躍的時代，由於經常被認爲「中世紀的女巫狩獵」，所以相信從中世紀開始的人很多，但是，女巫在此以前也一直存在著。而且，「中世紀的女巫狩獵」這樣的形容是完全不正確的。在歐洲，所謂的中世紀是指從四〇〇年左右至一四五〇年左右而言，雖然迫害邪教確實可以在南法一帶見到，但之所以稱爲「女巫狩獵」，是因其未曾有之。

惡魔採取各種各樣的形貌，意圖誘惑人類。

在英國奧利茲庫夏的羅瓦．庫伊英頓附近，高高的山脊上豎立著被稱爲洛魯拉伊特．岩石的遺跡。這個遺跡，與石器時代後期的二重環列巨石柱群（Stonehenge）同爲遠古的遺跡，自很早以前便開始被稱爲女巫的集會場。事實上，此處也有諸如「惡魔的手肘」之類的地名。另外，在古代居住於英格蘭、愛爾蘭的塞爾特人（凱爾特）之間被信仰的德洛伊教的僧侶們，似乎也同時是魔法使者或女巫。從如此的情形來思考，可以充分相信女巫在古代便已存在。

馬佳烈特．馬累伊此人，由於證實了在西歐確實有女巫信仰而聲名大噪。據馬累伊說，女巫信仰是上古的原住民佩拉斯佳的子孫一直保存著的古代宗教之一。

縱使女巫自古便已存在，但其活動廣爲人知的時期，是更後一點的時代，亦即中世紀末期之後。十四世紀中葉左右，遭受火刑的女巫安奴．瑪莉．杜．喬佳爾，雖也是妖術師，但她如下地告白受到惡魔誘惑的情形：

「惡魔化身爲大男人，現出蹤影，問我有委身於他的意思嗎？他才一問，就將氣息吹進我的口中。到了星期六，我想去主日聚會，便出了門。在主日會的入口，有一隻大牡羊，我委身於牠，作爲獻身的回報，請牠告訴我邪惡的秘密儀式。」

一看見女巫活動的情形，甚至也有人並非女巫但被陷害、中傷說是女巫。拯救法國的嘉努·達爾克，也是被當作犧牲品的女巫之一。當時，在英國與法國之間的百年戰爭，仍一直持續著。爲祖國法國帶來勝利的雖是嘉努·達爾克，但由於與敵國英國變成同謀的魯昂的主教們，妖術師擔任服侍惡魔的女子而被焚殺。這是迫害無辜之人的宗教裁判的好例子，同時，在其背景上，可以說顯示了對於女巫的恐懼留在人們的心中。

在莎士比亞的《溫莎快活的夫人們》之中，不斷地出現在溫莎公園的森林裏夜半舉行的舞會場面。在這齣戲劇之中，作者讓歐德夫人及魁克里夫人穿上那個地方著名女巫的服裝，戲弄法爾斯塔夫。

法爾斯塔夫害怕是否會遭逮捕、被處罰。因此她們就約定，如果他打扮成有角的獵人模樣，在夜裏十二點到一點之間到溫莎公園與歐德夫人見面的話，那就可以使歐德夫人稱心如意。在約定的時間，大家都到公園去，在古老的樹木周圍跳舞。——莎士比亞是將當時任何人都相信的在森林之中魔神與女巫的交涉藏在暗處，在這個故事之中隱約透露出來吧。

✡ 4 女巫們的集會——主日宴會

●主曰宴會的主辦者是惡魔

女巫們聚集在一起所舉行的夜宴，稱為主日宴會（女巫夜宴）。一般的主日宴會是在星期三的夜裏及星期五的夜裏舉行。根據情況，也有時是在星期六的半夜舉行。

舉行夜宴的通知，是由惡魔發出。雖然有時惡魔也直接走向女巫的居處，但這是極其罕見的，大致上，惡魔的差遣小鬼充斥於女巫的所在。與女巫們也有差遣小鬼一樣，因為惡魔擁有超過女巫的衆多差遣小鬼，所以通知在一瞬間便遞交給所有的女巫們。

收到通知的女巫們，在火焰熊熊地燃燒著的爐子前面，完全裸露身體，喝下摻入顛茄的花的藥，在全身上塗抹了被視為秘藥的香油。自此以後，女巫便跨騎著法器，從煙囟飛上天空。

據說，女巫們飛在空中，向著夜宴的場地而去。看見女巫排成行列，以夜空的星星，為背景不斷地前進的人，任誰都會立刻劃個十字。

召開夜宴的場地，雖然視地方而定，但無論哪裏，其旁邊都有古代的巨石等等。德國的女巫們，是集合於古代的石棚（Dolmen）所遺留下來的布洛肯山。在法國的布魯達紐地方，是在卡爾那庫的林野召開夜宴。在瑞典，則是在以莫拉地方爲夜宴的場所。

並非太大規模的夜宴，似乎連位於那些地方的古老碾磨房小屋的塔頂也在召開（這些小屋，被稱爲女巫的碾磨小屋）。

女巫們一集合起來，就根據惡魔的宣告，開始舉行夜宴。之所以如此，是因爲主辦者是惡魔。

在夜宴之中具有重要意義的部份，有女巫洗禮的儀式，這是爲了成爲新進女巫不可缺少的要素。這種儀式，遵照如下的順序而舉行。

●女巫洗禮的儀式

①對惡魔作發誓忠貞於信仰的宣言。

②用惡魔的指甲在眉毛上劃上傷痕，以便証明強調神與自己是聯繫在一起的基督教信仰的無效。

③由惡魔賜與女巫名字。

④被命令宣誓否定基督教教會。

⑤站立在惡魔地面上畫出的魔圓之內，發誓忠貞於惡魔本身。

⑥作爲忠誠的證明，將自己最重視的東西提供給惡魔（這個奉獻物，可以是所擁有的物品，或是自己的孩子）。

⑦自己的女巫名字，被記入「惡魔的生死簿」。

⑧遵從惡魔的命令，被迫簽下二星期一次殺害幼兒的約定。

⑨將黑色的禮物交給惡魔。

⑩自己專用的特別印章，被蓋在身體的某處。

在夜宴上，飲食也具有重要的意義。因爲，女巫們由於與惡魔坐在同一桌，可以加强一體感。然而，飲食本身似乎並不是多麼豐盛的東西，但一般而言，大致是擺上葡萄酒、肉、奶油之類的東西，傳說鹹味一概未加入。儘管如此，如果除去了没有鹹味一事，那麼，提及此事也並非指當時很貧窮之意。之所以如此說，是因爲當時的人們連日常生活也幾乎與此無異，吃著一樣的食物。

然而，富有的女巫打算要討惡魔及同是女巫夥伴們的歡心，據說，提供料理的時候，夜宴便成爲更加熱鬧的情形。在漢斯·巴爾杜固等人所描繪的夜宴圖畫上，雖可見到人骨散置於四處，加入小動物、青蛙或蝙蝠的燉煮鍋等等，但在裁判女巫等女巫所告白的夜宴場面、情景之中，這樣的食物幾乎未出現。

主日夜宴之夜，女巫們塗抹香油，飛翔至秘密的場所。

●宴會的終結是與惡魔的性交

夜宴的高潮，不用說是狂歡宴。雖有人將夜宴翻譯爲狂歡宴，但這可以說確實是相當準確的措詞用法。狂歡宴是由淫亂的、性意味濃厚的舞蹈展開序幕。

女巫們光裸著身子，扭動著身體舞成一團。在日常生活之中受到壓迫，來感受到自由的女性巫魔們，唯獨此時可以隨心所欲地舞蹈在一起。男性的巫師也一樣。遵從支配者領主的命令，甚至連妻子也必須提供出來的人們，在夜宴之中品嚐到自由的滋味，無疑地感到在惡魔之下，人人皆平等的自由。

舞蹈很快地達到高潮。於是，「魔交」便開始了。至此一時刻，在日常社會不容許的關係被自由地認可。兒子與母親交合，哥哥追求妹妹，女巫「同志」們的性交也熱烈地進行著。另外，據說「魔交之中」可以見到很多女巫與羊或犬交合的情形

在魔交之中，堪稱爲最典型的性交，不用說是與惡魔本身的性交。儘管說是惡魔本身，但由於有許多個惡魔，因此，魔交也有所不同。

在惡魔之中，最具性意味的人，有英克布斯及史庫布斯。這些惡魔出現於夢中，所以被稱爲淫夢的惡魔，英克布斯是出現於女性夢中，從事魔交之淫夢的惡魔。而佔有入眠的女性，强制地從事魔交的，則是英克布斯。

英克布斯原本是天使，但因爲對人間的女性過於關心，而被墮入地獄。他既可以化身

在夜宴的最高潮，所到之處都在進行魔交。

爲出色的男性，也可以變成半神半獸。出席夜宴也是英克布斯喜歡去的地方，在這個時候，據說，女巫大都將性交的對象看成牡山羊的形貌。

女巫告白說：有時是變身爲猛牛，有時則將像瘋狂了一般的魔交暴露在人們的眼前。

雖是閒談，但在此附帶一提，英克布斯並不是只對女巫有興趣。他不出席夜宴時，無法應付其慾求，甚至對尼僧採取行動，據十七世紀的惡魔學大家席尼斯多拉里說，由於某名尼僧閉關在自己的房間裏，因此其他的尼僧們很擔心，一從隔間的洞穴窺看，才發現他處在耽樂與年輕的大男生性行爲的最高潮。後來被盤查此事的尼僧，自白說無法抗拒英克布斯的誘惑，以致委身於他。

以英克布斯而言，對在夜宴希望懷孕的女

巫，應做出爲了授與她子女的努力。英克布斯没有精液，因此，他雖從人間的男性採取精液，但這是憑藉著巧妙的技巧取得的。

也就是說，英克布斯暫時地化身爲女性淫夢的惡魔史庫布斯，他勾引拐騙相貌堂堂、優秀卓越的男性，進行性交易。如此一來，接著已獲得精液的他便回復英克布斯的身份，將精液利用於使女巫懷孕。

史庫布斯是淫夢的女惡魔。史庫布斯此人，如果一直追尋其根源，那麼便可找出名爲李莉絲的奇妙「魔物」。在她的額頭上，女性性器官大大地開著口，據說，若一旦被相中盯上的男性，都毫無遁逃的方法。

史庫布斯當然也能變身。與史庫布斯結婚的西西里島年輕男子的故事，仍在流傳著。變身爲美女的史庫布斯，有一天溺水了，因是否救助她爲契機而兩人認識了。男子與史庫布斯並不瞭解對方便結婚了，連孩子都有了，但是有一天史庫布斯卻突然消失離去，這便是描寫男子嘆息人世無常的故事。

史庫布斯與英克布斯一樣，可以自由自在、隨心所欲地變身，據說，因爲在許多時候化身爲美女，所以，現實世界之中的男性，無論俗人也好聖者也好，要抗拒他們的魅力是很困難的。甚至連聖凡克特努斯，也成爲史庫布斯的俘虜。傳說中，史庫布斯也出席了女巫狂歡宴。然而，即使在那個場合，也並未變成李莉絲的形貌，所以這是史庫布斯不容易被看出來的原因。出席夜宴的男性巫師們，不知道這一點，因此希望與成爲美女的史庫布斯交合，是十分可以理解的。

在夜宴上，除了這些人之外，也有形形色色的惡魔出席。然而，擁有可與新加入女巫初次交合之權力的人，只限於身爲主辦者的惡魔。據一四六〇年寫成的《阿拉斯的女巫》一書說：「成爲主辦者的惡魔，將新的女巫帶到召開夜宴的森林盡頭。惡魔命令女巫趴下，自己則曲膝靠近從後面逼臨女巫，然後，從冰冷的性器釋出變成黑色的液體。」

在夜宴上，女巫與惡魔交合便是「魔姦」。即使惡魔利用其魔力，唯獨有一個無法將女巫魔姦的情形，那便是儘管女巫已成人，卻仍爲處女的時候。此時，在唆使普通的男子使女巫變成不是處女之後，才進入魔姦階段。

有一名爲柯蕾多的女巫告白，這個時候的情形是，惡魔採取狗的形貌，從正面撩撥勾搭女巫。魔姦一完事，夜宴上展開亂姦，衆人濫交。

這個「儀式」，直到拂曉時分可以聽見雞鳴聲爲止，仍一直被繼續著。

5 被暗中唸著的女巫咒法

●自古以來即被畏懼著的女巫咒法

因爲女巫擁有魔力，所以不僅可以使自己本身有所變化，她們也利用其魔力，承諾他人的願望，使戀愛的仲介人工作成功，或是，將其魔力的一部份教導給普通的人們，甚至也做使不可能變成可能之類的事。

女巫的魔力，事實上是在咒術或咒法上發揮出來。女巫們雖想在夜宴的狂歡宴上耗費時間，但這只是女巫的外務而已，並非正事。然而，一旦到了施行咒術或咒法的時候，情況便有所不同了。對施加咒術的一方而言，因爲願望可以實現，所以女巫的存在是一種有益的東西，但對被詛咒的一方而言，女巫完全是恐怖的東西。

因此，自古以來咒法即被以各種形式加以禁止。古代羅馬的支配者們，也極度地畏懼咒法。皇帝尼祿，希望只有自己獨佔咒術師，甚至也禁止市民作咒術的研究。

在德國，由於據說要將女巫棄之不顧，因此建立了「女巫之家」，將女巫們關閉在此處。在義大利，法王西克斯都司，將許多有關咒術的書籍列入「禁止閱讀書籍目錄」。在英國，女王伊莉莎白一世似乎被施加了死亡的詛咒。因此，她親自指導，讓人訂立「咒術禁止法」。這是一五六三年的事情，這項禁止法被廢止，是到了一九五一年之後的事情。在法國，路易十四世於一六八二年發出有關咒法的勒令，膽敢行使咒法的人，處以立即放逐國外或是體罰之刑。

現代，又是如何呢?關於現在的女巫情況，雖在後面會觸及，但女巫依然存在著是不爭的事實。而且，在現代人的心中，儘管連純粹科學都不能理解，但對於咒法的好奇心，仍相當地蠢動著。

●各種極其殘忍的女巫拷問

對於女巫所擁有的魔力，及作爲其行使手段的咒術或咒法，法律上的禁止，甚至令人有遠比不上女巫迫害，亦即俗稱的「女巫裁判」方式的感覺。女巫裁判是那麼殘酷的東西。

女巫狩獵是從何時舉行的呢?諸如此類的問題，是非常困難的質疑。之所以如此，是因爲對女巫迫害在任何時代都有。女巫視爲邪教信仰者的異端審問，是在十三世紀初期開始實行。尤其是在一二一五年的拉達拉諾公衆會議上，針對世俗的權限，以教會所告發的異端者的處刑作爲義務，加以課定。關於女巫迫害的歷史，即使在歷史之中也必須受到注目。

然而，從中世紀亦即五世紀左右起，至一四五〇年左右這一段期間，就真正的意義而言，並無女巫裁判這種東西。舉例來說，在北歐的瑞典，挪威王國，第一次讓女巫處以火炙之刑的時間，是一五三九年，宗教改革之後的事情。

爲何舉行女巫裁判呢？有看法是女巫裁判之中加諸了許多政治性的因素。宗教改革是以一五一七年路德提出九十五條意見，攻擊法王販售免罪符一事而發端。

在西歐雖然這種新教徒的支配力漸强，但也可見到天主教徒拉回支配力的努力。以這樣的宗教、政治狀況作爲背景，一四八四年，法王伊諾肯迪伍斯八世，發出禁壓魔法及咒術的勒令書。自此時起，女巫裁判可以說才開始。

也有意見是，在女巫裁判之中心，理因素也起了許多作用。也就是説，女巫熱的開端，相當於侵襲歐洲的鼠疫流行及百年戰爭的時期。社會的不安，像迫害一定的人們那樣地對女巫熱產生作用。

一四八五年，由於道明修會修道士印斯迪多利司及修布連嘉，一本名爲《女巫的槌子》的書籍得以出版。這是根據法王命令而寫成的書籍，且是爲了審判女巫而寫的指南。它主張女巫或妖術的惡業應分類到異端邪教一類。出版之後，《女巫的槌子》一再再版，女巫裁判於焉開始。

女巫裁判的法律結構，是如下情形：

首先，某人因使用咒術，或是與惡魔有瓜葛，甚而有女巫嫌疑的理由而被逮捕，提交法庭審問。其次，證人被傳喚審問，對於證人們，進行說教警告說，如果作出不實的證言，則會觸怒神。如此一來，狀況證據便被收集起來。如果被懷疑犯罪的人是出身自被認爲有嫌疑的地區，那將成爲女巫的佐證。倘若被見到夜間散步閒盪，則也將被視爲正與惡魔會面的證據。在此一階段，嫌疑者幾乎已經被確認是女巫，所以，審問官們似乎也顫抖著身體，很害怕的樣子。因爲，女巫的背後跟隨著惡魔。審問官只要從已經斷定女巫的對象取得自白，使其承認是女巫即可。在此一意義上，應加以拷問，是女巫裁判的最高潮。

作爲異端審問官，被任命爲德國審問所所長的修布連嘉是拷問的高手，留下非常大的名聲。修布連嘉原本是對女性抱有極大憎惡的人。因爲女性是友情的敵人、罪惡的淵藪，她們以罪孽深重的想法去看待男人的內心，認爲男人充滿了罪惡，所以「女巫狩獵」是必要的——這些便是修布連嘉的主張。

爲了將女性定罪爲女巫，無論利用什麼樣的詭計或圈套也被視爲合法的，修布連嘉聲稱，如果自白了那便可免除死刑，使嫌疑者自白認罪，之後若被其他的宣告死刑，則破壞誓約，所以白紙黑字寫上絕不會被宣告死刑的保證。還有更加巧妙的策略，那便是，首先對被告詢問是否相信女巫存在?直到其自告爲女巫爲止，給予拷問。如果回答暫且不相信

一旦被冠上女巫的嫌疑，就無所遁逃，無計可施。

的話，也以這是邪教的教義，反對承認女巫存在的基督教教會之教義的理由，立刻判處死刑。

更有甚者，審判官也利用其他殘烈的手段。對嫌疑者詢問，是否願意配合進行根據烙印而鑑別女巫的方法。如果回答不願意的話，便被視爲缺乏基督教信仰的證據。反之，如果回答願意的話，便被認定惡魔爲其守護，正因爲如此，所以什麼樣的拷問也令人無法忍受，任何的回答都是被視爲女巫的證據。

如此一來，一旦被冠上女巫嫌疑的人，全都成爲女巫。在這一點上，有女巫裁判的恐怖之處。女巫裁判在歐洲各地藉由各種各樣的方法及拷問而實施。有逃避女巫罪名的方法嗎？耶穌會修道士奧恩・修貝陳述了其看法，而其看法成爲此一問題的答案：

「我們不是女巫的理由，是根據我們之中，任何人都未受到女巫裁判拷問的事實。」

女巫裁判確實是殘忍的東西。據亨利・查爾斯・

李所著的《中世紀異端審問的歷史》一書說，在女巫裁判上被使用的審問方法，是以絞刑、吊刑、灌水等三種爲主要的方法。女巫被弄成全裸，施加拷問，用一條繩子吊死。固定雙腳、扭擰腳踝、彎折骨頭。以如此的狀態擱置數小時而不顧。在此期間內，拷問吏繼續不斷地命令嫌疑者自白自己是女巫。

自白一旦完成，接著，令其仰躺著，毫不容情地從口中不停地灌入水。無法忍受痛苦而緊閉嘴唇的女巫，被用鐵製的火筷撬開嘴巴，將水灌入，直到腹部像大鼓一樣地鼓脹起來爲止。——這是關於女巫拷問的某份記述。

雖然似乎很單純，但作爲强迫自白最具效果的方法，有一種是將嫌疑者仰躺，全身捆綁在台上，用千斤之力將頭部重重地夾住之後，將水一滴一滴地流下來。水滴下的單調聲音，到最後對嫌疑者而言是難以忍受的，只得模仿烤問吏所說的自白說辭。有時，對無論如何都拒絕自白的嫌疑者，繼續著拷問，終至發狂。此時，被認爲就因爲相信惡魔，所以才沒有神的護持，才會發狂，而「發狂」本身即視爲女巫的有力證明。

如此一來，由於一旦被懷疑便無法逃脫的女巫裁判而遭殺害的人數，一般認爲，僅僅在十六、十七世紀，便超過二十萬人。受到拷問的女巫，被强制舉出共犯者的姓名。如此一來，從一次女巫裁判衍生了百次女巫裁判。在女巫的處刑時，聚集許多人來參觀，典型的處刑方法爲火炙之刑，是女巫被活生生、慢慢地燒死。含有對於現世不公允的詛咒的人，骨灰被撒在風中，女巫的詛咒停留在天空之中。

●被迫害的女巫們的詛咒

女巫或妖術師們，受到迫害，其總數在漫長的歷史之中，共有數百萬人。針對迫害，女巫們的詛咒，僅僅利用魔力便可發揮强力的作用。

參加魔力迫害的人，陸陸續續地面臨同樣的離奇死亡，這樣的事件，若翻開女巫的歷史，則處處可見。在愛琴海的曼恩島，傳說有受到女巫詛咒的人竟全都發狂了，變成像野獸一般之類的十六世紀慘案，是令人不由得背脊發涼的事件。然而，最有名的詛咒，是摩納哥王室被施加的詛咒，據說歷經六百年長期間仍持續著。摩納哥王室的創始者—里馬爾狄家的雷尼埃一世，雖從一三一〇年登王位約四年之久，但由於迫害了詛咒「王室的人若結婚，將招致不幸」的女巫，而被其中一名女巫施加詛咒。

因爲這個詛咒非常强力，繼承的國王夏魯爾一世遭遇了被王國放逐的命運。十七世紀後半就王位的路易一世，其王妃去世，接下來的國王安東一世則被課罰精神上的障礙。目前的國王雷尼埃三世親王的母親並非高貴的血統，王妃葛莉最近不幸因交通事故而亡，也非常有名。這些全都是因女巫的詛咒而發生的說法，目前仍被相信著。

歐洲王室也是鬥爭的歷史。沾滿血腥味的權力鬥爭被展開著，中世紀、近世紀則是妖

呈獻犧牲品的儀式——現代英國的女巫集會。

術師、女巫，甚且咒術師在暗中活躍著，也受到利用，或是受到迫害。受到迫害之女巫們的詛咒，超越了時間而一直持續至今，儘管如此，這並沒有什麼奇怪之處。

●女巫也生存於現代！

過去女巫是存在的，也可以瞭解其詛咒實際上存在著。但是，現在……；也許有人會這麼想。

然而，即使現在女巫依然存在著，生活著。在加拿大的多倫多，有一個女巫協會。據說她們希望將女巫協會化暗爲明，擺在檯面上。在丹麥的文伊里市，侵佔古代宗教的女巫協會現仍存在著。她們甚至發行一本名爲《惡魔文化與女巫信仰》的合法著作。撰寫此書的作者之一伊爾塞・美亞，是無與倫比的美女，但一般認爲，她本身並非女巫。

生存於現代的女巫，其詛咒被公開發佈的，其中一人爲德國的烏拉·芙恩·佩爾努斯。其咒法非常地有效，但卻由於多數的女巫都是寂靜地生活著，因咒法本身的效果爲人所知的地方，反而非常地少，但芙恩·佩爾努斯的情形，是因爲在媒體上被大幅地提出來，加以報導，所以成爲女巫仍存在的證明。

事件明朗化的契機，是一名委託女巫施行殺人咒法的人，遭遇到親自下手卻演成犯行的情況。

殺人咒法的委託者，是慕尼黑的建築家H·艾布氏的妻子及情人蒙特。兩人雖面臨彼此相愛的不倫關係，但亦確定這種關係，於是希望艾布氏死亡。

兩人聽說有藉由咒法而殺人的女巫，於一九八一年六月拜訪住於洛丹布爾克的女巫佩爾努斯。而且，請她施加五月個後讓艾布氏面臨死亡的咒法。咒法費用爲一百五十馬克，並約定咒法產生效果的時候再支付一萬馬克。五個月期限才開始，這二人未達成想用車子殺死艾布氏的目的，便因殺人未遂的嫌疑被逮捕，而事件的真相曝光。

艾布氏的妻子漢娜洛及其情人蒙特，拜訪了佩爾努斯，委託其施行咒法時的情形，據說是這樣的過程：

咒法在點燃著蠟燭的黑暗房間進行，年過五十的佩爾努斯，穿上黑衣，靠著桌子，在此處，放置了惡魔的骷髏、毒蛇的屍骸、小型的棺材及魔劍。惡魔的骷髏上帶著無數的刀傷，而小型的棺材之中，則納入用骨頭製成的人偶。

咒法伴隨著死亡的咒文而施行的，即是惡魔的咒語。二名委託者無法理解這種咒法。咒法一到了最高潮，女巫佩爾努斯將魔劍的尖端放在惡魔的骷髏之上。咒法毫不延遲地進行著。

警察一聽到此事，就傳喚佩爾努斯，讓她作爲見證人。女巫之所以回應警察的召喚，是因爲她知道，即使利用咒法，也不會被追究法律上的責任。而且，她甚至舉出確實咒殺二十人之多的具體事例。雖然委託她咒殺人的姓名未被說出，但似乎有數位著名人士，這一點大致上確定。

丹麥的古都羅斯基雷，位於從哥本哈根乘火車向西行駛三十分鐘車程的地方，數年以前即位於市區盡頭的古老教會的遺跡，一般認爲很顯然是女巫集會舉行的地點，且在此處發現了集會的痕跡。在動物頭蓋骨的四周，散寫著怪異咒文的咒符，用猿猴的頭蓋骨製成的杯子底部，有著來路不明的飲料殘留物。根據女巫研究家調查的結果，與女巫集會同時，或者集會之後不久，似乎一定會舉行殺人的咒法。之所以如此說，是因爲在咒符之中，發現了寫著意爲「藉由惡魔的力量咒死」的文字。在丹麥，甚至有出版了書籍的「女巫協會」，爲古代宗教的理解及復活注入力量。

雖名義上是祈禱師，但其真正面目是女巫的人，也許無法相信，不過仍散佈於世界各地。在美國的東部，有繼承傳統的女巫；另外，在加州一般認爲，當遇到有棘手的事件需要解決時，前來協助的透視專家，其實是女巫。這些爲加州所公認的女巫，其姓名卻未被透露公佈出來。

女巫不作宣傳自己是女巫乃是常情。即使强力的魔力能有效地利用，但仍使人膽寒做惡魔。因此，女巫們表面上像極其普通人一般地生活著。在我們的周遭，並無那樣的女巫——諸如此類的保證絲毫没有。

美國的秘密結社三Ｋ黨（上）

海地的伏都教（下）

開始施行咒法之前

女巫的咒法，是在以往所述的女巫所使用的咒法之中，蒐集被認爲最有效果的方法。大多數的咒法，由於各國的情況而一直被禁止。正因爲其效果是强力的，所以可以充分的理解受到禁止的原因。

以往所一直說明的女巫，主要是關於歐洲的女巫。然而，女巫並不是僅僅存在於歐洲。女巫也存在於東方，在非洲也有。另外，在阿拉伯世界也依然存在著女巫，且目前仍活著。

此書是蒐集了許多國家的女巫咒法的書籍。如果依照其指示而使用「女巫的咒法」，那麼，效果之强大將是令人難以置信。

因此，我想要請各位先明瞭關於實際使用「女巫的咒法」方面的注意事項。女巫的咒法絲毫没有涉及法律的地方。儘管如此，半開玩笑地實行這種女巫的咒法是嚴禁的事情。因爲女巫的咒法是實用的咒法，所以能任意地詛咒被詛咒的對象，但爲了讓人更加正確的理解咒法，想先簡單說明咒法的結構。

女巫的咒法，正如粗略地看過本文便可瞭解一樣，各自擁有一定的模式。在某一層面上，將這種模式稱爲咒法。而且，咒法是由咒文、咒符、咒物、咒行所構成。

咒文是詛咒對象，且隨心所欲地詛咒的言語、文辭。咒符是被指示於紙等東西之上的書寫物。在咒符之中，若有文字則稱爲秘文，若有記號則稱爲秘符（秘樣）。咒物是施加咒法時使用的物品，咒行是指利用這些咒文、咒符、咒物所採取的行動而言。

女巫的咒法，雖由這些咒文、咒符、咒行所構成，但並不是每一種模式都完全包括在內。即使有如此的不同，但咒法如果能依照被規定好的模式去進行，便可產生效果。

在此，想先說明實行咒法之際的一般注意事項。

首先，使用咒法時最好留意如下各點：

1. 現在有應施加咒法的真正對象。

你擁有真正憎恨的對象?有真正希望成爲自己的所有物的戀慕者?——仔細地考慮看看，半開玩笑的心態是不行的。

2. 那個對象與你有著密切而直接的利害關係，或是間接的利害關係。

所謂的利害關係，也許聽起來有些誇大，但對完全無關的人施加咒法是不可以的。

3. 考慮責任是否不在自己。

有時，不知爲何總是不順遂的責任是在於自己本身，應好好地考慮看看。因爲深思熟慮之後，再施加咒法也絕不遲。

那麼，具體的咒法程序，雖只要依照各自的模式即可，但希望能遵守如下幾項：

1. 在著手開始進行咒法之前，應該先將手洗乾淨。
2. 在施行咒法時，非得捨去邪惡不可。
3. 一面施行咒法，一面對其效果仍懷有一點點疑問是不行的。
4. 施行咒法之際所使用的咒符或咒物，應遵照範例之中的指示。尤其是在關於咒法並無明確指示的時候，只要不被人看見，埋入地面即可。

★第二章

女巫的秘文咒法

七十二種愛與憎的咒法——

咒法之一

——改變自己本身

如果你想要提昇自己，改變自己的話，嘗試如下的九大咒法將很不錯。

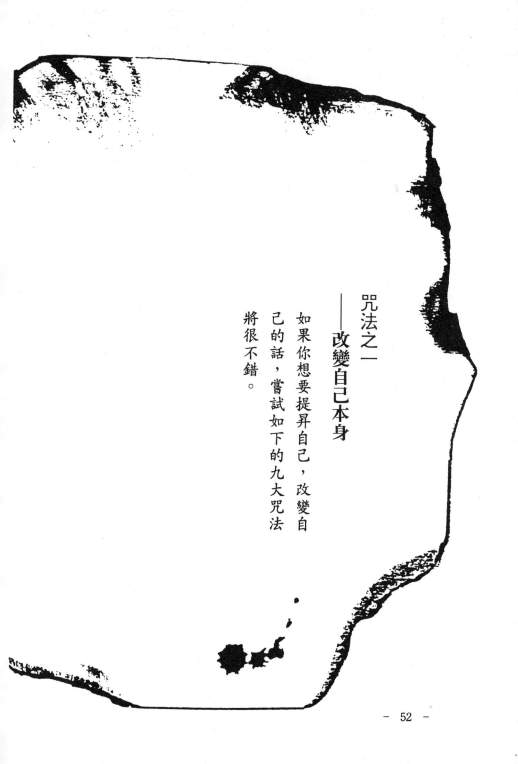

Change yourself

菲奧與西格爾的秘文咒法

可以變得更有女人味、魅力十足。

改變自己本身 I

無論自己如何討厭自己的性格，正因爲這是花費了長久歲月不斷地培養而成的性格，所以並不是能那麼簡單地改變過來。

不過，也許花費了相當長的時間，但仍有逐漸地改變自己的性格或對事物的想法。其中之一，即是這種「菲奧與西格爾的秘文咒法」。

這是在北歐超過千年以前所使用的利用「魯恩」古文字的咒法，是爲了使女性變得更有女人味的咒法。

做法很簡單。只要每天一邊各寫十次如圖一般的秘密文字，一邊祈禱自己能更具女人味、充滿魅力的女性即可。文字可以寫在紙上，只用手指在空中描劃也無所謂。

如此一來，如果每天持續不斷地施行咒法，那麼，在連自己都不知不覺之中，感性便可變得豐富起來，洋溢著女人味的體貼，變身爲有細膩溫柔的心思的人。

若有戀人，則二人的愛情將會急速地加深，如果，還沒有情人的話，也應可很快地從愛慕的對象接收到意想不到的愛的告白。

*所謂的魯恩，有著「秘密」之意。
*左側的魯恩秘文是菲奧，帶來愛與戀的力量。
*右側的西格爾，是爲了訓練感受性的秘文。

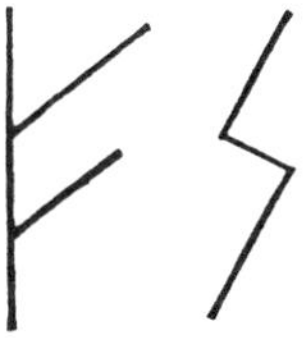

菲奧與西格爾的秘文咒法

如果你身爲女性但想要變得更有女人味，那麼，只要每天反覆地書寫「菲奧與西格爾的秘文」即可。你的內心，將可洋溢著感受性，被帶來愛與戀的力量。

海盜的魔法（嘉爾杜爾）

除去雜念，可以集中精神於課業上。

改變自己本身 Ⅱ

想要讀書，即使對著書桌，還坐不到十五分鐘便立刻精神漫散，心不在焉，開始胡亂塗鴉之類的小動作，結果，隔天的考試便出現慘不忍睹的成績。尤其是如果考試迫在眉睫，那就更會受到後悔及焦慮的念頭所苛責。

這樣的時候，能除去雜念、集中精神的「海盜的嘉爾杜爾」的咒法非常有用。這是流傳於冰島的咒法，根據其名稱，一般認爲是千年之久以前北歐的海盜們所使用的咒法。

首先，要準備的是三塊石頭，讓這些石頭交叉成X字形，放置在二張木板的中央，進行滴水的「清淨儀式」。

其次，將三塊石頭正好擺在東、西、南的位置，成爲三角形，埋入地下。一面埋入，一面唸著：「石頭啊，三塊小石頭啊。我的心，讓它穩定平靜下來吧！」

如此一來，如果從事讀書一事，那就會不可思議地心情穩定平靜下來，集中力也增進了，應可在考試上提高成果。

*所謂的「嘉爾杜爾」，在冰島的語言，是「魔術」或「魔法」之類的意思。

*石頭的大小，以五公分左右最適合。一旦履行了清淨的儀式，咒術的效果便消失了，所以，應自己進行。

*咒文應不斷地發出聲音，一邊集中精神一邊唸。

海盜的嘉爾杜爾

如果你想要除去雜念，那麼，只要準備三塊石頭，在實行清淨的儀式之後，將這石頭埋在土中東、西、南的位置，邊唸著「石頭啊，三塊小石頭啊，我的心，讓它穩定平靜下來吧！」即可。你的心，也許就會穩定平靜，被集中貫注於一處。

萊伊拉的祈求愛情咒術

在戀愛上能變得積極進取。

改變自己本身 Ⅲ

從前，在蘇格蘭的某個地方，有一位名叫萊伊拉的姑娘。她雖是性情溫和、內心柔順的姑娘，但不知爲何總是未被良緣眷顧。

據說，不忍心看這樣的姑娘不受愛神恩賜良緣的德落伊教之神，出現在萊伊拉的睡夢中，告訴她使愛情緣份變强的秘法。這便是「萊伊拉的祈求愛情咒術」。

這種咒法，被認爲若每天早上交替實行，則僅僅如此便會立刻出現效果。

早上，日出時刻對著東方的天空站立，一邊將雙手的手掌遮住太陽光線，一邊唸著如下的咒文，向德落伊之神祈禱。

「德落伊・伊多羅・那帕・卡洛空・塞特・德落伊・那帕・卡拿里・德落伊。」

然後，只要拔取自己年齡數的頭髮，丟向風中即可。

連以往因爲自己內向的性格而一直使許多機會溜走的人，如果能使用這種咒法，那麼，應可被增添看不見的力量，勇氣百倍，積極地敲開戀愛的門扉。

在蘇格蘭的傳說之中，萊伊拉實行了被教導的秘法，不消說，轉瞬之間，她就能邂逅一位美好的對象。

＊德落伊教是蘇格蘭、愛爾蘭等古代塞爾特民族之間，在有基督教以前被信仰的宗教。它相信靈魂的不滅及輪迴，崇敬死神。

＊所謂的日出，不是嚴格地限定於太陽從地平線昇起的瞬間。如果是在房屋蓋得很緊密的都會，那麼應站在視野良好的場所。

萊伊拉的祈求愛情咒術

如果你希望培育愛苗，那麼，太陽出來時向著東方的天空，將雙掌遮住太陽光線，向德落伊教之神祈禱：「德落伊・伊多羅・那帕・卡洛空・塞特・德落伊・那帕・卡拿里・德落伊。」在大喝一聲之後，依據你的年齡將你的頭髮拔下丟向風中。德落伊之神將會擁護你的願望，讓愛情的心存在於你心中。

屍臭的詛咒

抑制過度強烈的嫉妒心

改變自己本身 Ⅳ

在熱情的國度西班牙，自古以來即被流傳著的「屍臭的詛咒」，根據其名稱，是希望藉由屍臭而消除過度強烈的嫉妒心的咒法。

要準備的東西，是瓢蟲的屍骸，這被限定於自然死亡的瓢蟲。

其次，在白紙上描畫如圖一般的「煉獄之符」。據說，這種咒符是爲了將所謂的惡誘導至萬劫不復之地的咒符，因此，描畫在中央的三角形，表示了煉獄之門。

將瓢蟲的屍骸包進這種「煉獄之符」裏，用自己的頭髮繫縛。然後，將紙放到火上焚燒。在頭髮及瓢蟲燃燒的惡臭之中，只要不斷地唸出這樣的咒文即可：

「噢・拉埃斯

德落伊・魯巴

伊多・密爾尼」

這種咒法，一般認爲在流浪的吉普賽人的一支之間被使用著。因爲嫉妒心使身心焦慮，形成猜疑心的疙瘩，使自己陷入不幸的深淵，所以是拯救你的咒法。

*瓢蟲的屍骸，若是用殺死的方式，則全然沒有效果。

*這種咒法具有相當强烈的效果，所以，一般認爲實施的人會失去其一部份精力。半開玩笑地實施是應謹慎注意的情形。

屍臭的詛咒

如果你想要消除自己的嫉妒心，那麼便將自然死亡的瓢蟲屍骸，包進將所謂的惡誘導至萬劫不復之地的「煉獄之符」，用你的頭髮繫縛。在大喝一聲之後，將紙放在火中焚燒，只要不斷地唸著「噢・拉埃斯・德落伊・魯巴・伊多・密爾尼」即可。你心中的嫉妒火焰，將可完全消失。

三個十字的魔形

能保有任何事情都不畏懼的堅強心。

改變自己本身Ⅴ

膽量小，一到考試就心裡怦怦跳，怯場起來，即使曾經希望的佳績，但面對面的表達，卻無法說出口。尤其若是男性，即使受到討厭的對手的侮辱，也沒有對等戰鬥的勇氣……，希望使這樣的自己更加堅強的人，也許是出乎意料的多。對這樣的人，我推薦流傳於瑞典中部地方的「三個十字的魔形」。

要準備的東西，是動物毛皮的碎片，大小爲三公分～四公分見方的碎片即可。在這些碎片上，用烙鐵烙上如圖般的奇異記號，揉成小小的一團，事先放入自己的鞋內。鞋子雖左、右兩者都可以，但放入自己的右腳也許較佳。

這種咒法，有如下的美好傳說：

從前，有一位性情非常溫和的年輕人，由於竭力於保護森林，因此，森林之神將力量借給這位年輕人。年輕人的缺點，是性情過於優柔寡斷，爲此，即使狩獵最後也會覺得獵物非常可憐，而無法追捕上獵物，經常都過著貧窮的生活。

出現在年輕人夢境之中的森林之神，製作了這種「三個十字的魔形」，命令他事先放入鞋內。如此一來，年輕人便被森林之神授與了勇氣。

＊所謂的三個十字，是「三個十字架」之意。在三角形之中插進十字。

＊動物的毛皮，什麼樣的動物毛皮都無妨，其他小的碎片也無所謂，因此，在處理皮製品的店家等處，都可買到。

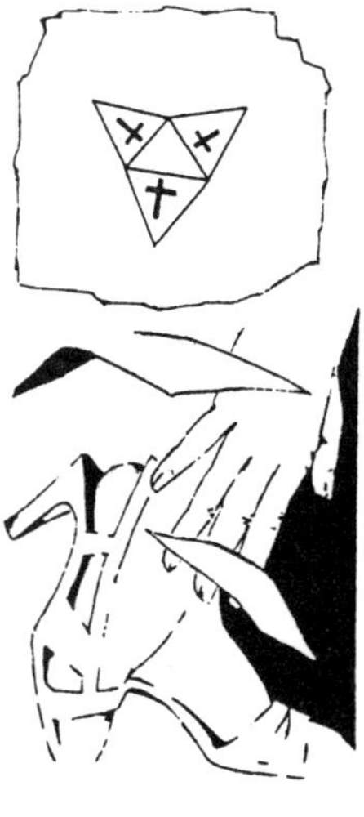

三個十字的魔形　如果你希望獲得凡事都不畏懼的堅強內心，那麼，就在動物的毛皮上，用燒熱的烙鐵描繪出三個十字的魔形，將這個魔形收入你的鞋內。森林之神將賜與你力量，纏繞著你的恐怖心，將立刻離去。

馬尼的火鹽秘咒

去除心裏的迷惑。

改變自己本身 VI

痛苦的失戀經驗，是每一個人都有的。

在這樣的時候，毫不戀棧地忘掉對方的一切，重生出一個嶄新的自己，才是明智之舉。當然，時間會爲人解決這種痛苦。不過，如果希望早日斷絕思念，想要從失戀的創傷重新站起來，那麼，這種「馬尼的火鹽秘咒」也許可以說更具效果。

要準備的東西，是四條玫瑰唸珠（羅馬教會的唸珠），找出一條長而黑的繩索，還有底部較深的碟子，以及蠟燭、鹽。

首先在自己的四周用黑色的繩索擺成圓圈。其次，在圓圈的內側將四條唸珠分別弄成十字架的形狀，原封不動地放著。最後，在繩索的中心盤腿而坐，將插在深底碟子裡的蠟燭點上火。

如此，準備都齊全了，便可使內心穩定平靜，使精神集中，期望自己內心的迷惑消逝而去，不久之後，一旦達成精神統一，經過九次，則將鹽一點一點地撒在火上。

當所有的儀式都在無言之中完成時，應該就可以看見一個脫胎換骨的自己。

*這種咒法，在地中海沿岸一直擁有龐大的勢力。據說，是因組成馬尼教的流派的一派而被使用的咒法。

*咒法，一定非得在夜間施行不可。

*所謂的玫瑰唸珠，是天主教徒所使用的唸珠，在基督教相關的商店可買到。

馬尼的火鹽秘咒

如果你想要消除心裏的迷惑，那麼就用黑色的繩索擺成圓圈，在其內側，將四條唸珠放成十字架的形狀，其中心則準備著蠟燭及鹽，自己盤腿而坐。在大喝一聲之後，用沈默使精神集中，當提高至最高點時，經過九次，將小量的鹽撒在火上。

能再度恢復為處女
改變自己本身 Ⅶ、

甘草的自唸咒法

如果，妳所愛的男性說：「結婚對象若不是處女，我不想要。」而妳正好不是如此，早已非處女……，那將如何是好？可以使對方相信自己是處女的咒法，即是這種「甘草的自唸咒法」。

這種咒法，由中世紀愛沙尼亞一國的白咒術而來，一般認爲，它原本是服侍於古代神祇的女性，爲了潔身而進行的淨化精神及肉體的方法。在施行咒法之際，有三項條件：

第一，拒絕與其他男性的肉體關係。

第二，從生理期開始那一天的夜晚起，二十一天之間不停歇地施行咒法。

第三，在此二十一天內不剪頭髮。

生理期開始那一天的夜晚，取下戴在身上的裝飾品，換穿白色的衣服，清潔嘴巴及雙手。然後，將約三公分長的乾的甘草根或莖夾在雙手之間，一邊在嘴裏唸著「拉克利斯·米特拉修·阿多·密里」，一邊默誦祈禱自己是處女。

在第二十一天，結束唸誦咒文之後，將手裏的甘草輕輕地含在嘴裏，立刻吐出放入布袋裏。若這個布袋不離身地攜帶著，應可變身爲處女。

甘草的自唸咒法

如果想要再度變爲處女，那麼，就拒絕與男性的肉體關係，由月信開始的夜晚起二十一日之間，將乾的甘草根或莖夾在雙手之間，一面唸著「拉克利斯·米特拉修·阿多·密里」，一面默禱自己是處女。然後，在第二十一天，完成咒文之後，將輕輕地含在嘴裏的甘草放入布袋，攜帶在身上。妳的私處，將變成與處女同樣。

*甘草也可稱爲拉克利斯，在漢藥店等處有售。

*咒文約持續十分鐘不斷地唸誦。

*將甘草放入袋子，在與男性發生性行爲時，也先隨身帶在身上。

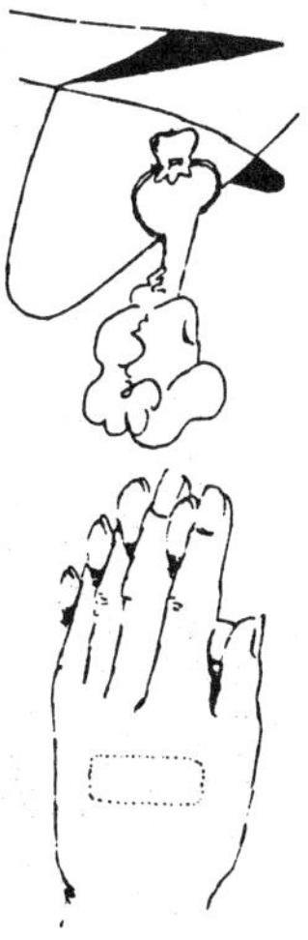

能變得善於言辭

改變自己本身 Ⅷ

理性的勝利魔字詛咒

古代希臘是由稱爲城邦（城市國民）的市民共同體而成立。尤其是產生著名哲學家蘇格拉底的雅典娜，民主化有所進展，據說，連一般市民也能出席民會（以現代來說是像國會一般的組織）或審判等等。而且，要在民會或審判上使人競相爭鬥議論，將自己導入有利的位置，雄辯是非常重要的。

因此，爲了這種雄辯亦即變得善於言辭的咒法，「理性的勝利詛咒」被大大地利用著。這是使用如圖般的魔字咒法。

首先，準備小石頭，一般認爲圓而發出黑光的石頭最佳，因此，在河邊等處有耐性地尋找應比較好。

在這個石頭的表面上，用尖端銳利的鐵釘，寫上如圖一般的魔字。然後，在背面上雕刻自己的姓名及出生年月日，經常帶著它。

如此一來，在必須出席會議或說重要的事情時等情況，將這個石頭的表面（有魔字的一面）摩擦七次，唸誦三次「羅爾・阿普・庫尼達」的咒文。

無論是什麼樣口拙的人，也將可以說服對方，變得善於言辭。

*理性（logos）在英語之中原本是人們所說的「言辭」之意。在現代，則廣泛地被應用於概念、語言能力、思想之意。

*書寫魔字所使用的石頭，不可以是用人工削成圓圓的石頭。更不要被其他人看見。

理性的勝利魔字詛咒　如果你想要變得辯才無礙，那麼就準備被自然削成的圓而發出黑光的石頭，用尖端銳利的鐵釘，在表面刻上「理性的勝利魔字」，背面則刻上你的姓名及出生年月日。在大喝一聲之後，你想要一張強而有力的辯舌時，將這個石頭的表面摩擦七次，唸誦三次「羅爾・阿普・庫尼達」。由你的嘴唇，將滿溢著言辭，滔滔不絕！

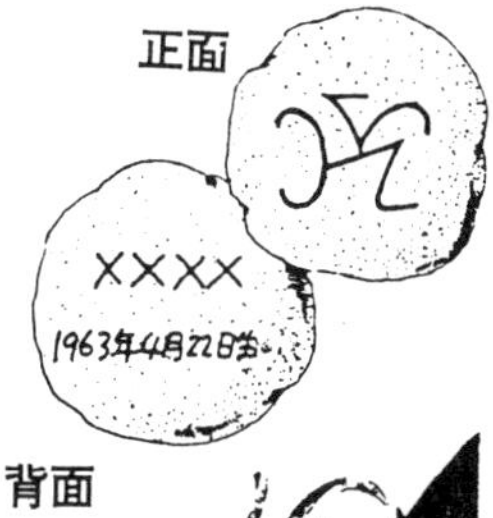

六角星的縛符

希望治癒自己的淫亂癖。

改變自己本身 IX

儘管擁有特定的戀人，但只是唯慾是從，一味地趨附自己的貪慾，任身體聽憑於過火的事情。之後所留下的，僅有徒然及自我嫌惡而已……。

如果無論如何都希望治癒自己這種淫亂癖，那麼，首先，應學會抑制自己，不要任由本能指使妳如何行動。關於這方面，只要使用「六角星的縛符」即可。

首先，用大紅的紙製作如圖般的六角形星星形狀。其次，將栗樹的果實弄碎，因爲僅需一點點即可，所以將汁液塗在紙的兩面上。

然後，在持續唸誦三次「粟子之精喲！被吸入六角星吧！」之後，反覆六次「艾特瓦爾・夏庫爾・夏庫爾」的咒語。

如此一來，將做好的大紅的六角星，一面在心中强力地默誦「淫亂消失吧！」，一面開一個小小的口，使六角星飛在空中。一般認爲，淫亂之性將隨風吹而逝。

這種咒法，原本是中世紀居住於魯森堡地方的少女，爲了治癒自己的淫亂，向土著之神李固都爾祈願而被授與的咒法。一般認爲李固都爾之神是古代的星神，原本是性之神，對於祈願的人，絕不會辜負其期待。

*所謂的粟子（castanea），在拉丁語之中是指粟樹的果實，或類似於粟樹的樹木的果實而言。一定要使用尚未熟的果實。

*咒文中的「艾特瓦爾」（etoile），在法語是指星星而言。

*六角形的星星形狀，必須兩面都同爲大紅色。

六角星的縛符

如果你想要治療自己的淫性，那麼，就用大紅的紙，製作六角星形，一面將弄碎的粟樹果實的汁液塗在其兩面上，一面持續唸誦三次「粟子之精喲！被吸入六角星吧！」之後，唸誦六次「艾特瓦爾·夏庫爾·夏庫爾」，在大喝一聲之後，只要將六角星開一個小小的口，讓你的淫亂之性隨風一起離去即可。

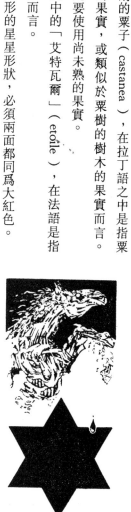

咒法之二

——傳遞心意的〈愛的咒法〉

如果你有苦戀的對象，想要傳遞心意的話，嘗試如下的九大咒法，將很不錯。

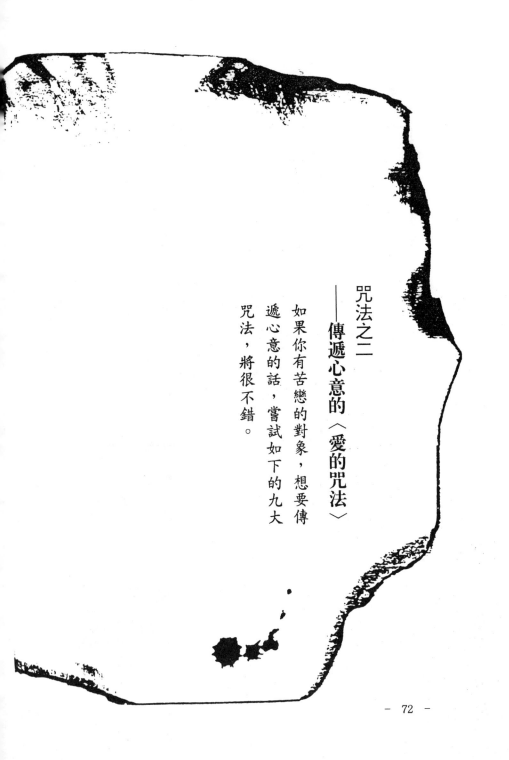

Communicate your heart

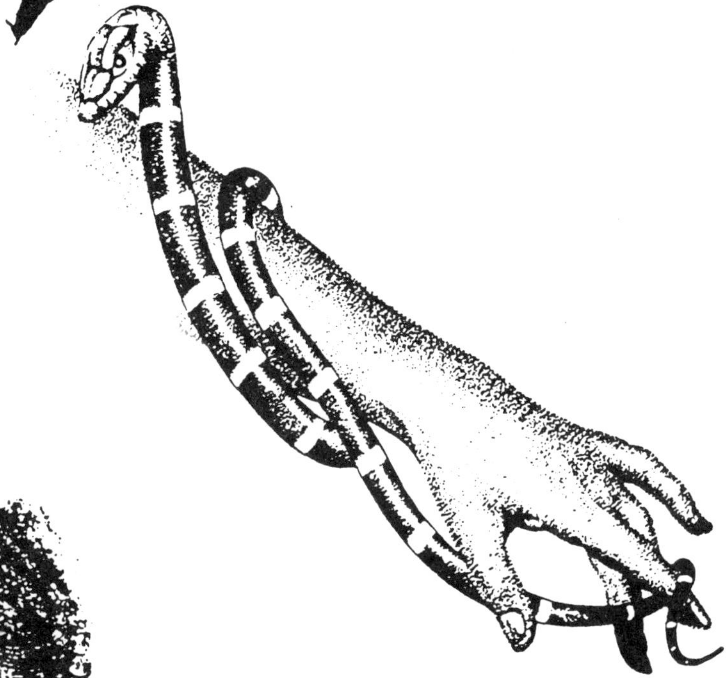

回

知道所愛的人的住處。
傳達心意的〈愛的咒法〉Ⅰ

意念的透視法

只因些微的小事，而與戀人爭吵、分手。一旦發生事情，雖想要坦率地道歉謝罪，恢復從前兩人的關係，卻因爲不知道對方的住處，而無法取得連絡……。這樣的時候，利用這種「意念的透視法」，就可以知道對方目前在何處。當然，希望知道單相思之對象的住處也可以。

要準備的東西，無論照片或信件都可以，總之是可暗藏或悄悄攜帶對方的東西，以及約二十公分的繩子。任何顏色的繩子都可以。

半夜裏，在房屋的中央朝北而坐。用準備好的繩子，將對方的照片或信件繫起來，將這捆東西綁在左手的中指上，約唸誦十分鐘對方的事情，並且，在七天之間每天進行這種咒法。

如此一來，便可偶然地遇見對方的朋友，問出其住處；或是能在新分發而來的電話簿或名簿之中，發現對方的姓名；或是，可以因某些情況而找出連絡的方法。

至此，你只要寫信，或是打電話即可。

*坐的時候，無論是端坐或坐在椅子上，兩者都可以。

*默念的時間，沒有必要每天都定在同一時間，但是，不可以比前一天更短。

*如果已知道對方的居處，那就應在三天以內取得連絡。若非如此，即使見了面也將無法重修舊好。

意念的透視法　如果你希望與關係不睦的戀人再次相見，那麼，最好半夜裏在房屋的中央朝北而坐，將悄悄攜帶的對方東西，在你左手的中指上用繩子繫垂著。並且，在十分鐘之間默念對方的事情。只要七日之間不停歇地繼續默誦，則戀人的住處將會成爲你所知道的地方。

回

魔面的六角符

希望將不變的心意傳達給對方。

傳達心意的〈愛的咒法〉Ⅱ

如果，你所愛的人到了距離遙遠的地方……，即使想再見面，但無法輕易地見面。像這樣的時候，藉由「魔面的六角符」，可以將你的心意比以往更强烈地傳達給對方。

這種咒術，據說是約五百年以前英國的妖術師所創立的咒術，所以，截至今天爲止，卻無法被人所瞭解，卻一直被繼承下來。

做法很簡單。只要先將如圖一般的記號描繪在寄給對方信件的一角即可。

使這兩個三角形重疊起來，因爲中央加入兩個眼睛的形狀，所以很類似於面具，而被命名爲「魔面的六角符」。

顏色方面，無論黑色或藍色，只要是用你所喜愛的顏色去描繪即可。

因此，即使對方離去多麼遙遠，縱然只有暑假或新年假期才能見面，只要你寄出畫上「魔面的六角符」的信件，則你不變的心意將確實地傳達給對方。

而且，對方也將超出以往地加强想你的心情。

*記號應儘可能畫得小一點。

*不可以在其他人會看見的地方，例如畫在郵筒的背後等處。

*不可用有可能滲透或是消失的工具去畫。

魔面的六角符　如果你想要與書信一同將你的心意傳達給遠離的對方，那麼，可以的話在信箋的角落上描繪小小的「魔面的六角符」是最好的。不可思議的六角符魔力，越過數里的距離，將把你的心送至對方手邊。

即使分離　彼此仍心意相通

傳達心意的〈愛的咒法〉Ⅲ

艾斯特萊拉的秘文

舉例來說，與所喜愛的人分別進入不同的學校就讀，因此而掛慮著「對方的心是不是愈來愈遠」，諸如此類的時候，如果能施行「艾斯特萊拉的秘文」咒法，那麼很快便可從這樣的不安之中解放出來，將會感受到一種守護自己的不可思議力量。

據說五百年以前在葡萄牙北部被使用的這種咒法，具有使二人彼此心意相通的力量。而其對象，並不僅限於戀人而已，無論朋友也好，親兄弟也好，都是可以。

要準備的東西，是一塊木板。將木板如圖一般用細繩劃開，使用紅色及藍色塗色，分別塗成兩種顏色的星形。然後，在中央的四角形部份，用黑色寫入秘文。秘文的意思，據說是「魔靈，星耳」，是召喚魔靈的辭句。

再者，將做好的星形用左手拿著，放在胸部，唸誦三次「阿特里爾・帕爾多波秀・李姆尼爾・印修特秀」的咒文，在心中將祈禱的事情强力地唸誦一遍。這種咒文，也具有「將我的願望飛舞於空中，送到遠方」的意思。

因此，你的願望將確實地送達對方。

另外，這個星形作爲護符，也具有保護你不受來自所謂的災厄侵害的作用。

＊星形的大小，多大多小都無妨。

＊將顏色分塗時，爲了不使顏色滲透，應絕對避免水性的繪畫用具等等。

＊秘文應正確地書寫。

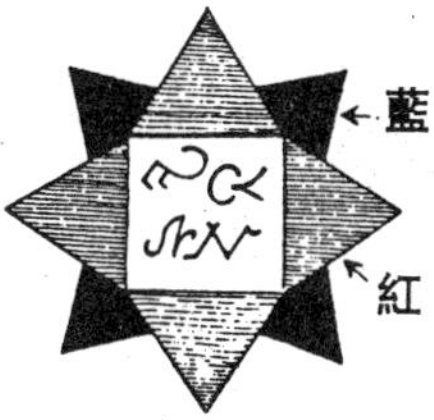

艾斯特萊拉的秘文

如果你希望使與所愛的人或朋友之間心意相通，那麼，就用木板製作有八個尖端的星形，分別塗上紅色及藍色。在大喝一聲之後，只要在星形的中央畫上「魔靈，星耳」的秘文記號即可。你如果有祈願之事，用左手將星形放在胸前，唸誦三次「阿特里爾．帕爾多波秀．李姆尼爾．印修特秀」。思念將通達至對方。

緩和戀人的嫉妒心。

傳達心意的〈愛的咒法〉Ⅳ

蕾德娜的地圖

被戀人或配偶的嫉妒心所苦惱，希望對方更坦率真誠，改變不會不由得懷疑別人的性格，這種「蕾德娜地圖」的咒法是很有效的。

一般認爲，這種咒法是中世紀時期波蘭一位名叫蕾德娜女巫所擬出的咒法。

首先，準備一條約四十公分長的銅線，製作二個如圖般的形狀。一面製作，一面不間斷地唸誦「蕾德娜．都娜．蕾德娜．都娜．耶賽奇。蕾德娜」的咒文。將做好的銅線型包裹成厚厚的形狀，再進而放入布袋裏，作爲護符。銅線型一個自己本身拿著，另一個讓對方拿著。如此一來，你的心情將不離身地帶在身上，從護符移傳護符，對對方產生極大的作用。

銅線可作爲傳導體之用而廣爲人知，擔任了將你的願望傳達給對方的角色。另外，所謂的「馬帕」，在波蘭語之中是指「地圖」而言。一般認爲被屈折彎曲的銅線形狀，看起來簡直像地圖一樣，所以被命上如此的名稱。

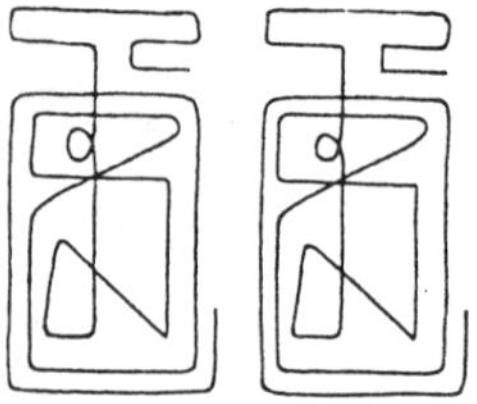

*銅線應先磨得乾乾淨淨。

*用手彎曲銅線非常辛苦時，可以使用鉗子，但絕對不要弄出瑕疵。

*咒文有「蕾德娜啊！傳達我的心吧！」之意。

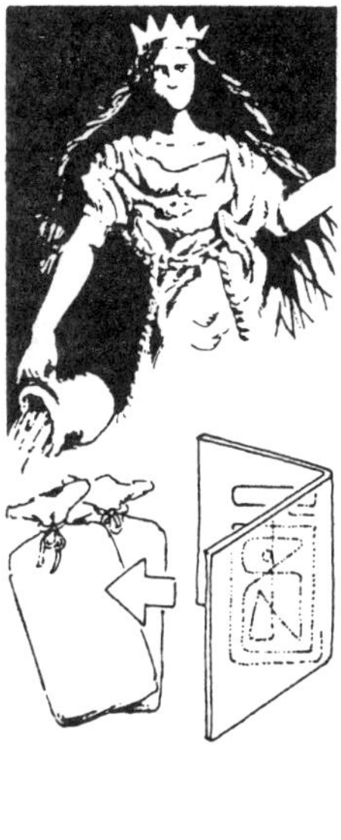

蕾德娜的地圖

如果你被所愛的人的嫉妒心所苦惱，希望緩和這種嫉妒心的話，那麼最好一面唸誦蕾德娜的咒文，一面用二條銅線，製作如地圖般的形狀。在大喝一聲之後，將這兩個銅線型包裹在厚紙中，再收拾在布袋裏。一個是你拿著，另一個則讓所愛的人拿著。蕾德娜的護符，將傳達妳的心，讓猜疑的心情消失。

使對方的心向著自己

傳達心意的〈愛的咒法〉V

妮莎的魔力

決心在單戀的他生日那一天早上，與禮物一同坦白表明自己的心情，但如果在空無一人的教室，站在他的桌前，突又發現其他的女孩子在做同樣的事。那麼，妳將震撼不已，心靈受到打擊，但下一個瞬間，應如何做才能使他的目光轉向自己呢？像這樣的時候，只要借助居住在北歐的妖精「妮莎」的力量即可。妮莎擅長於擔任戀愛的仲介人。

首先，用紅色的紙製作如圖一般的妮莎的模樣，用剪刀剪下來，用小小的字體儘量地寫進許多NISSE。

其次，將做好的「妮莎」寄給對方，但妮莎即使停留於別人的眼中一下也不行，所以，將信封弄成二層。將「妮莎」包在紙裏，放入信封，滴八點蠟燭油，將信封密封起來。

另外，信封上不能寫上妳的名字。

送達對方手邊的「妮莎」，會幫妳傳達妳的心情。在收到對方寄來愉快回函之前，需花費一些日數。

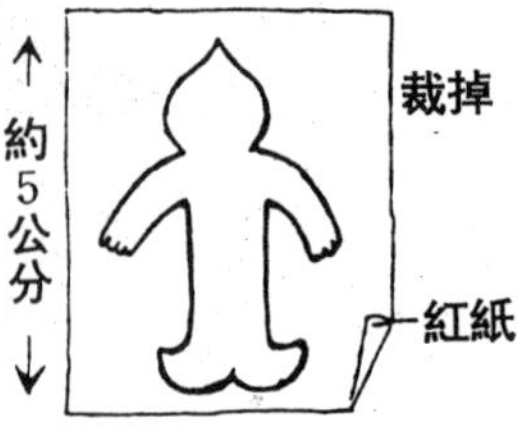

*NISSE的文字，可以使用任何文字，但應寫得清楚一點。

*將「妮莎」放入信封時，爲了不將前端屈折彎曲，應充分注意。

*放入信封的東西，只有「妮莎」，不可以信件或卡片等「妮莎」以外的東西放入。

妮莎的魔力

如果妳擁有衷心喜愛的人，然而追求對方的人，也有數個的話，祈求請「妮莎」做戀愛的紅娘，將是最好的方法。

用紅色的紙製作妮莎的模樣，寫進NISSE的文字。在大喝一聲之後，最好不要被別人看見，將這個「妮莎」寄達對方手中。妳的心情，妖精妮莎將可爲妳傳達。

花煙的戀愛咒術

與禮物一同傳達意願。

傳達心意的〈愛的咒法〉Ⅵ

打算就在今年的耶誕節，向長久單戀的痛苦宣告再見的人，請務必一試的咒法，即是「花煙的戀愛咒術」。與耶誕節的禮物一起，最適合於將你的意願傳達給對方。

這種咒法，是流傳於愛琴海一部份地方的咒法，所以別名也稱爲「施加於薔薇花的戀愛心術」。

要準備的東西，是薔薇花的花瓣。顏色方面認爲紅色最佳。將七片薔薇陰乾，用製作壓花的要領，夾在書本之間，先將水分某種程度上取掉即可。

將如此陰乾的七片薔薇花瓣在交付禮物或郵寄之前，投進燃燒的火中，一面燃燒，一面唸誦七次「哈普絲・哈普絲・美魯巴尼・羅索爾・羅索爾」的咒文即可。

那些因愛的火焰而被燃燒的花瓣，不久之後成爲煙霧繚繞的樣子，在禮物的四周蒙上一層無法看見的面紗。

一般人都一致認爲，這種煙霧可打動對方的心。

*薔薇的顏色，雖可以特別地不用紅色，但是，最好能避免使用白色及黃色。

*燃燒花瓣的火，不可以用小小的微弱火焰。用暖爐的火或像篝火那樣燃燒的火焰，是最理想的。

*薔薇的花語，是熱烈的愛。

花煙的戀愛咒術　如果你有單戀的對象，而想要將這種心意與禮物一同傳達的話，那就將七片紅色的薔薇花花瓣陰乾成乾燥花，投進燃燒的火焰之中，「哈普絲．哈普絲．美魯巴尼．羅索爾．羅索爾」的咒文，只要唸誦七次即可。

因愛的火焰而被燃燒的花瓣，變成煙霧，包入你的禮物，將送達你思念的對象。

梭爾的魔煙咒術

能很快地獲得所愛的人的音訊

傳達心意的〈愛的咒法〉Ⅶ

只是一心一意地等待來自所愛的人的連絡時，是很辛苦的事情。尤其是不明瞭對方真正的心意時……，更是希望用電話或信件，早日傳達一點音訊。

這樣的時候，最好實行使來自對方的連絡進來的咒法「梭爾的魔煙咒法」。所謂的「梭爾」，是指出現於北歐神話的雷神而言。他拿著無論什麼樣的巨人用一擊就倒下的槌子，是體格魁偉雄壯，但內心溫和安詳的神祇。

首先，要準備的東西是如圖一般的「魔符」。這種魔符，若非用黑色描繪在紙上，則無效果。

如果魔符的準備完成了，那就等待每月九日夜晚的來臨。

首先，唸誦三次「噢，梭爾，在聆聽願望之前」。其次，是將預先已準備好的魔符放入器皿，唸誦「噢．梭爾．那．波魯德尼．×××」，×××記號之處，寫入你的願望。最後，只要在器皿之中燃燒魔符即可。

魔煙將會把你的傳達給對方，不久之後，你渴望的連絡將送達你的手邊。

*所謂的「九日」，是指每月日期的九號而言。

*魔符也可以於九號那一天製作，但可以的話，應於約三日之前製作，事先準備比較好。

*製作魔符時，應去除所謂的雜念，將精神集中於此。

*雷神梭爾，也是農民守護神。

梭爾的魔煙咒術

如果你期待來自所愛的人的音訊，那麼，就用黑色在白紙上畫出梭爾的魔符，在九號的夜晚，一面唸誦「噢，梭爾・那・波魯德尼・××××」一面在器皿之中將魔符燃燒。

雷神梭爾將允諾你的願望，很快地就有來自所愛的人的音訊。

魯恩的魔咒

能在夢中見到所愛的人。

傳達心意的〈愛的咒法〉Ⅷ

如果想與單戀的對象至少能一起在夢中，那麼，藉由實行這種名爲「魯恩的魔咒」，便可實現願望。

首先，用紅色在紙上寫出如圖般的文字，在其下方，將你與對方的姓名並列而寫。其次，將紙折疊成兩半，用蠟燭密封，信封上，則寫上如圖一般的「魔咒的文字」。然後，就寢時將這張紙帶在身上，則將可在你的夢中與心中戀慕的人見面。

一般認爲，使用於此一咒法的文字，全都是「魯恩文字」。自遠比北歐海盜時代更早之前起，即在北歐被使用著。因此，此一咒術也是相當古老的東西。

所謂的「魯恩」，是意味著「秘密」的名詞。

你藉由立刻從今晚起實行此一咒術，可以看見快樂的夢，即使早晨來臨，見到仍不想醒來般的快樂夢境……。

*書寫文字的紙，不可用會透過裏邊的薄紙。

*文字應無誤、正確地書寫。

*睡覺時，即使未直接帶在身上，那麼只要事先放入枕頭下面，或是睡衣的口袋即可。另外，即使有錯也不能撕碎紙片。

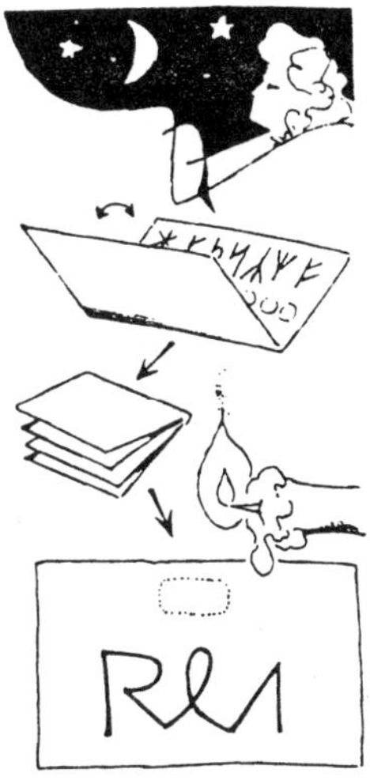

魯恩的魔咒　如果你希望與戀愛的對象至少在夢中相見，那麼，在紙上寫出紅色的魯恩文字，在其下方將你與對方並列寫出即可。在大喝一聲之後，將這張魔符折疊成兩半，用蠟燭密封，信封上也加註魔咒的文字。然後，當你就寢時若將魔符帶在身上，將可以見到依照願望出現的夢境。

回

沙美的招魂手持咒符

戀慕的人現身於自己眼前。

傳達心意的〈愛的咒法〉Ⅸ

好不容易探究到單戀對象的家……，但你一想要假裝偶然遇見對方，在他家附近走來又走去，他卻總是不出現……。這樣的時候，此一咒法「沙美的招魂手持咒符」，會爲你將對方帶出家門到外面來。

所謂的「沙美」，是指居住於北歐的拉普人而言。此一咒術，一般認爲，是被救了一命的熊神授與渴望戀愛的族長女兒的咒法，具有千年以上的歷史。

其次，剪下一張如圖的妳的左手爲模型的紙，在其上放置羽毛。

然後，一邊想出對方的模樣，一邊一口氣唸誦七次「菲艾迪倫・哈爾・巴瑪・夫洛帖・葛達」的咒文。用這張紙將羽毛包起來，以你的七根頭髮繫縛。

至此，即使你未特意走到對方的家門前，那個人也應會在妳面前現身。此時要如何去做就全憑你的意思了，但因此一咒法而出現在你面前的對方的心，相當地傾向於你這裏，所以只要稍微用言語暗示、刺探對方，引誘其入甕，一切應會很順利。

*所使用的羽毛的長度，不能比你的手寬度更長。

*左手的模型，只要在紙上放著合攏的左手，用鉛筆描出周圍而製作手型即可。

*小指的血，應用小針尖端戳刺而流出。

*此一咒術，不可被人看見中施行。否則，會完全沒有效果。

沙美的招魂手持咒符

如果你有單戀的對象，而總是無法見到其蹤影時，那麼，最好在一根雞的羽毛上，塗上你小指的鮮血，放在以你左手爲模型的紙上。在大喝一聲之後，一邊想像、描繪著對方的形貌，一邊一口氣唸誦七次「菲艾迪倫、哈爾、巴瑪、夫洛帖、葛達」的咒文，將羽毛包在紙裏，用你的七根頭髮繫縛。你所愛慕的人，將在你的面前現出蹤影，被你所吸引著，一直靠向你這裏。

用7根頭髮繫縛

咒法之三

——使對方服從的〈愛的咒法〉

如果你有戀慕的人，希望使對方成爲自己的擁有物的話，嘗試如下的九大咒法將很不錯。

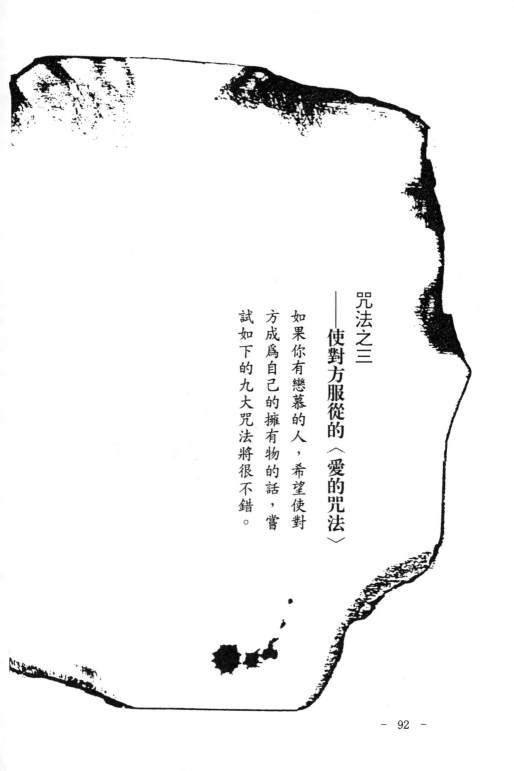

Make people follow you

雞骨的麥達尼亞

抒解對方的憤怒。

使對方服從的〈愛的咒法〉1

據說因希臘的妖術師麥達尼亞而被使用的「雞骨的麥達尼亞」咒法，在使對方的態度變成對你有好感上，具有很不錯的效果。

舉例來說，你與戀人婚姻受到來自雙親不分皂白的反對時，若使用此一咒法，將可再度恢復如從前一般的信賴關係。

要準備的東西，是二支雞骨，腳骨更好。然後製作一個被寫上如圖般的咒符的木箱，在其內，放入二支骨頭。藉由如此做法，骨頭被淨化了，並不僅是意味著「雞骨」，成爲具有不同意義的東西。

接著，一面唸誦「法洛埃・文茲尼艾爾・修姆・札尼路斯・阿卡姆尼諾恩・巴爾艾斯姆・修姆・修姆」的咒文，一面將放入骨骼的木箱投進火中，完全燃燒完。

一般認爲，咒文的意義也許是對於自然靈加以召喚的用語，除此之外，並未有任何一個明確的解釋。

*使用的骨頭，在肉店購買的骨頭即可。

*木箱可以使用任何形式的木箱，但咒符應正確地書寫。

*應牢牢地記咒文，以使唸誦之際可以背誦出來，不致於結結巴巴。

*在骨頭燃盡之前，應鄭重地燃燒。

雞骨的麥達尼爾　如果你想要使成爲你的行動阻礙的對方，變成你有好感的態度，那麼，就拿二支雞骨，並製作被寫上咒符的木箱，將雞骨收納於其中。只要一面唸誦「法洛埃・文茲尼艾爾・修姆・札尼路斯・阿卡姆尼諾恩・巴爾艾斯姆・修姆・修姆」，一面將木箱原封不動地投入火中即可。對方的憤怒，將會緩和下來。

使對方服從的〈愛的咒法〉Ⅱ

滿月的唸咒

使戀情持續不斷。

好不容易抓住了一份新戀情，竟然是一片枉費心機。這種情形持續了好幾回，對自己的魅力完全失去自信的你，藉由實行這種「滿月的唸咒」，應可從以往的戀愛模式掙脫出來。

這種咒術，由於相傳在瑞典的南部，從數百年以前即流傳著，因此，一般認爲其起源爲妖術。所謂的「滿月」，是指月亮全圓而言。因爲一定要在滿月之夜實行，所以命上此一名稱。

進行咒術之際，要準備的東西，是動物的骨頭。什麼樣的動物、任何部位的骨頭都無妨。然後，唸誦的咒文是：「狄普羅・賽特・普雷利・賽特・烏尼帕西塔斯・馬夏爾・巴・特・阿普塔布萊斯・多拉普特杜司・拉・奧・狄普羅・賽特・普雷利・賽特。」在與戀愛的對象認識的下一個滿月之夜，在野外不被任何人看見，一邊使用鐵錘將已用過的骨頭敲碎，一邊唸誦七次此一咒文

此一咒術的效用非常大，會產生以往自己戀愛時所無法相信的愛情，能慢慢地品味重新抓住戀愛的喜悅，並使新愛情天長地久，恒久不逾，從以往的戀愛模式掙脫出來。

*動物的骨頭，在肉店買到的便己足夠。

*咒文雖然很冗長，但不背誦一定是不行的。

*如果你實行唸咒的模樣被某人看見，那麼就成爲完全無法期待效果出現的咒法。

滿月的唸咒　如果你希望重新讓收納在手中的戀情天長地久，那麼，就與戀愛的對象於下一個滿月之夜，留神不被人看見，在野外一邊將動物的骨頭用鐵錘敲碎，一邊唸誦著「狄普羅・賽特・普雷利・賽特・烏尼帕西塔斯・馬夏爾・巴・特・阿普塔布萊斯・多拉普特杜司・拉・奧・狄普羅・賽特・普雷利・賽特」。

彎曲手指的意念

使戀人的愛再度回攏。

使對方服從的〈愛的咒法〉Ⅲ

雖然完全放心：「那個人是我的人」，但一旦突然地注意一看，則會發現對方的心「醒悟」了，向著其他人的方向而去，與你愈離愈遠……。像這樣的時候，責難對方，或是想要追究出他花心的對象是誰？絶非是明智之舉。這種「彎曲手指的意念」的咒法，是奪回戀人的愛的秘術。用此一秘術，使對方再度成爲你的囊中物。

這是十三世紀左右，從西西里島流傳至馬耳他島的秘術，且在白天與愛情的魔鳥拉普羅交合的唯一咒術師，被魔鳥授與的咒術。

秘術是開始於向著對方所居住的方位，在星期二的夜晚，不被任何人見到地進行。首先，洗淨雙手，將戒指、手錶、手鐲等金屬性的物品完全從身上拿開。然後，使內心穩定平靜，將左手放在心臟之前，如圖般地交叉手指。用一貫的姿勢，默禱著戀人回到你身邊。時間只需四～五分鐘即可。接著，最後低聲而尖銳地呼喊「拉普羅——」，打開手指。

若七日之間都施行此一意念的秘術，則從交叉的拇指與食指之間所形成的空間，會有意念流出來，對對方的心直接產生作用。約半個月之後戀人就回到你身邊來了。

＊施行咒術時，事實上裸體比較好。

＊默禱時，不要一再地想著其他的事情，應一心一意地默禱。

＊默禱的中途，交叉的手指絶對不要打開。

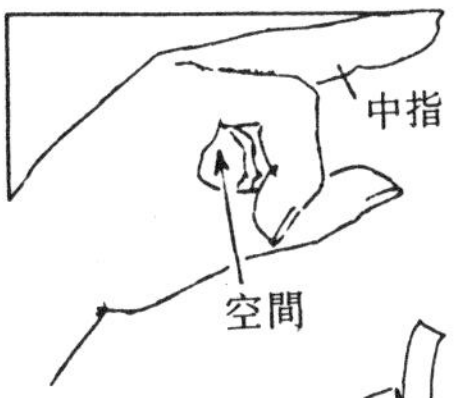

彎曲手指的意念　如果你希望戀人的愛回攏，那麼，在星期二的夜晚潔淨身體，將金屬性的物品全部從身體拿開，向著對方所居住的方位，將左手放在心臟之前，交叉手指即可。在大喝一聲之後，默禱著戀人回來，最後，呼喊「拉普羅」，打開手指。此一意念的秘術，若七日之間持續不斷地施行，則不消多久，你所愛的人將回到你身邊。

芙蕾雅的咒符

將對方拉近自己身旁。

使對方服從的〈愛的咒法〉Ⅳ

每天早上在通勤電車之中會發現非常喜歡的人，即使想設法與他交談，但怎麼也無法由自己開口……這樣的你，藉由此一「芙蕾雅的咒符」，將可達成願望。此一咒術，具有吸引對方的眼光，使他來到你身旁的力量。

芙蕾雅是愛與美的女神，爲人擔任愛情調停，幫雙方斡旋、說項。在北歐，自古即一直廣爲人知。即使在現在，北歐地方於芙蕾雅之日（星期五）舉行的結婚儀式仍很多。

首先，一開始將紙剪成圓形。其次，在其中上下二處寫上芙蕾雅的字母，正中央則寫上關鍵字。這個關鍵字，是古代的秘密文字魯恩文字。

如此做好的東西，即是「芙蕾雅的咒符」。將這個咒符貼在手提袋的角落等處，一定要進入對方的視線。

由於魯恩文字本身即具有魔力，因此，這個咒符的龐大效果，將極令人吃驚。

你一定要抓住與你愛慕的人，兩人單獨談話的機會，如此將可訂下週末的約會。

*魯恩文字應仔細地書寫。

*書寫文字的道具，無論用筆或任何東西都無所謂。使用什麼樣的顏色書寫也無妨。

*若咒符未被對方看見，則完全無法期待效果出現。

*英語的星期五爲Friday，有愛的女神「芙蕾雅之日」的意思。

芙蕾雅的咒符

如果你是一個墜入情網的人，且希望將對方拉進你的身旁，成爲知己，那麼，在剪成圓形的紙中，隔著魯恩文字，加上芙蕾雅的文字。做好的「芙蕾雅的咒符」，爲了一定能進入對方的視線，最好帶著。你所愛慕的人，藉由咒符的魔力，將可注意到你。

使對方服從的〈愛的咒法〉V

牙拉巴卡的牙齒魔咒

暫時地挽回戀人的心。

如果你被已約定要結婚的對象，突然强硬地提出諸如「以往的事請讓它過去」之類的話語……而對這個態度也未說明理由……。就像「愛之深責之切」的諺語一樣，你將希望給予對方與自己所受的打擊同樣的打擊，愛得愈深，怨懟之情也深。

此一名爲「牙拉巴卡的牙齒魔咒」咒術，具有暫時地挽回戀人的心的力量。此時，接下來你只要從你這一方宣告分手即可。

要準備的東西，首先是木頭或木板。用這些製作如圖一般的牙齒。若使用鑿子，則可以簡單地完成。其次，用動物的血在牙齒的上下方書寫魔字。如此一來，完成的東西即被稱作「牙拉巴卡的牙齒魔咒」。

牙齒做好了，在其內塞進對方的照片或是肖像畫，夜晚飄流於河川即可。

至此，戀人的心將暫時地傾向於你這一方。

此一「牙拉巴卡的牙齒魔咒」，一般認爲是伏都教的魔術之一。

*使用於書寫魔字的血，任何動物的血都可以。使用食用肉的血也可以。

*不可以忘了對方的心只是暫時回來而已。若要分手，則儘快地說出。

*伏都教是西印度群島，尤其是海地的黑人的宗教，施行黑咒術。

牙拉巴卡的牙齒魔咒

如果你希望對傷你心的戀人復仇，暫時之間挽回對方的心，那麼最好用木板製作牙齒模型，用動物的血在其上下方加註魔力，大喝一聲之後，在牙齒之間塞進對方的畫像，夜晚飄流於河川。牙拉巴卡的牙齒魔咒，因爲暫時地使對方傾向於你，所以接著就由妳作訣別的宣言吧！

魔圓的唸咒

在四十九天以內瞭解對方的真正心意

即使被他說過「我喜歡你」，但不瞭解這是否對方的真正心意，你聲稱要確定他的心思，只要施術「魔圓的唸咒」即可。

此一咒法，是法國的布列塔尼一地從中世紀即流傳下來的咒法。它原本是占卜天變地異的咒法，但據說也是被使用於人際關係的占卜術，具有在四十九天以內利用某些方法明瞭對方心思的效果。

要準備的東西，是對方觸碰過的東西，無論他們的禮物或信件都可以。若沒有的話，對方所照的照片也可以。

其次，將如圖一般直徑五十公分的魔圓描繪在大紙上。

將此一魔圓放在眼前，然後坐下，將他們的禮物或照片拿在左手上，凝視著魔圓的中心。時間爲五、六分鐘就足夠了。將此一咒法至少在七天之間持續地施行一遍。

然後，第七天的咒法終了時，強力地默誦：「希望告訴我他真正的心思。」如此一來，魔圓便採用你所能相信的情況，在四十九天以內呈現對方的真正心意。

*凝視魔圓時，絕對不可以使眼睛從中心移開，分散了注意力。

*在施行咒術的中途，一旦中斷，則非僅效果全無，而且也將拉遠對方與你的距離。

*施行咒法之際，時間上應依照慣例。

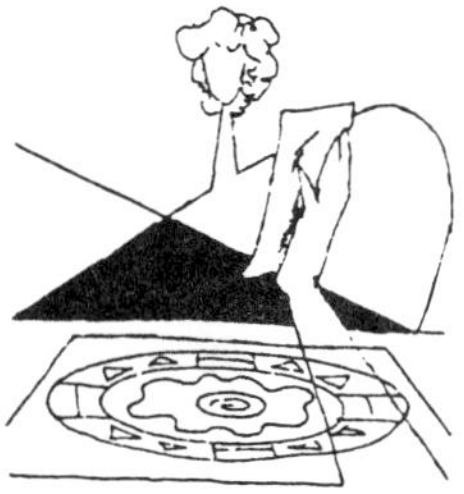

魔圓的唸咒　如果你期望明白所愛的人的眞正心意，那麼，嘗試魔圓的唸咒將很不錯。

坐在描繪於大紙上的魔圓之前，鎮靜心緒，將與對方有關的東西拿在左手上。然後，歷經數分鐘凝視著魔圓的中心！七天之間的念咒結束時，若基於希望明白對方的眞正心意，則在四十九天之內，將有某些回音。

使戀人下定決心結婚

使對方服從的〈愛的咒法〉Ⅷ

史庫布斯的淫咒

對於已定下婚約，但從此無論經過多久，也不著手進行婚事的戀人，抱有不滿的你，藉由施行此一「史庫布斯的淫咒」，便可達成願望。

此一咒法，是起源於中世紀的黑魔術，具有使對方被你的性魅力所吸引，絕不離開你的力量。

淫魔史庫布斯會遵照你的命令，幫你進入對方的心中，誘惑對方。

首先，要準備的東西，是用黑布製作的如圖一般的「黑魔盃」。

其次是咒文，咒文是將位於「黑魔盃」中央的圓孔放在左手中指的尖端，唸誦「史尼馬尼卡・特挪尼里奇茲・喜戴加特・卡尼德荷戴・莫那尼可諾默・大特・林沙馬內」，在・點停頓之處，一邊在腦海中浮現如圖般的史庫布斯的象徵符號，一邊有必要也將對方的模樣一起唸誦。

由於是起源於黑魔術的咒術，因此應充分注意地施行。

＊「黑魔盃」的大小，約二十公分左右即可，但一定要用黑布。

＊所謂的史庫布斯，是出現於男性夢中，被認爲會誘惑男性的女性惡魔。她可以變身爲各種模樣。

＊正因爲效果是絕大的，所以不應以不痛不癢的心情去施行。

史庫布斯的淫咒

如果你有一位已互換結婚的盟約，但關係無法進展的戀人，最好命令淫魔的史庫布斯，使對方被你的性魅力所吸引，不離開你。用黑布製作「黑魔盃」，將中央的圓孔放在左手中指的尖端，唸誦「史尼馬尼卡・特挪尼里奇茲・喜戴加特・卡尼德荷戴・莫那尼可諾默・夫特・林沙馬內」。因爲是黑魔術，所以最好能用心施行。

帕菲的秘術

能與衷心喜愛的人結婚

使對方服從的〈愛的咒法〉Ⅷ

如果妳有一位長久期間朝思暮想的男性朋友，而妳想與那個人結婚，那麼，只要求助於此一「帕菲的秘術」即可。

這是羅馬尼亞地方自數百年以前即流傳下來的秘術。其起源爲出自鍊金術一派的秘術。帕菲這個名稱，是此一派別的密稱。

此一秘術所必要的物品，是黏土及木片。

首先，在木片上像圖一樣地寫出妳與對方的姓名。然後，在背面寫入帕菲的秘印。

此一作業，必須深夜鎮靜內心之後才施行。

其次，將這個木片放入其中，製作成黏土的人偶，同樣在其背部寫入帕菲的秘印。

如此完成的「帕菲人偶」，藉由早晚二次的唸誦，妳的願望將傳達給對方，妳將能與那個人結婚。

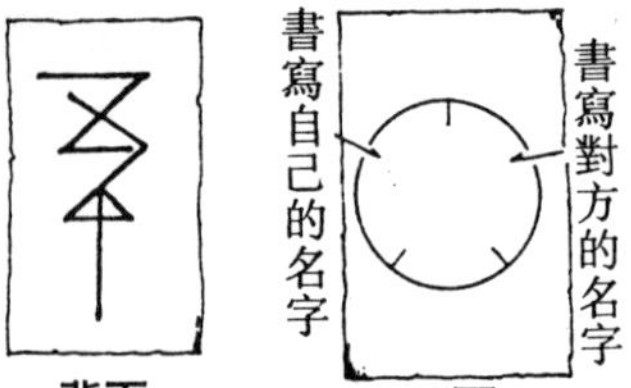

正面　背面

*黏土可以是任何種類的黏土。

*在完成人偶之前，應去掉雜念，集中於秘術本身。

*「帕菲人偶」絕對不可以被其他的人看見。

帕菲的秘術　如果妳有一位長久期間思慕不輟的對象，期望與其成爲夫妻，那麼，就在木片上記下兩人的名字，在背面寫上帕菲的秘印。在大喝一聲之後，用黏土製作將木片放入其中的人偶，在其背面，再次記下帕菲的秘印。最好早晚二次望著帕菲人偶唸誦。對方的心情，將會傾向於結婚。

十二角符的愛情咒符

能一個人獨佔對方的心

使對方服從的〈愛的咒法〉LX

對單相思的對象傳達了自己的情意，但若對方卻已有一個喜愛的人，陷入不知想要選擇哪一個的狀態……，這樣的時候，利用「十二角符的愛情咒符」的咒術，使對方的心屈服於你這一方，而且，能一直守護至兩人結婚爲止。

此一咒法，雖一向在英國南部的德賽特一地被秘密地流傳著，但其起源爲地中海地方，一般認爲，可遠溯自二千年以前的古代。

首先，製作如圖一般的咒符，然後，在咒符的所有圓圈之中各寫三遍你的名字。無論用羅馬字或用國字都可以，不過，必須用紅色書寫。

其次，將這個咒符摺成四部份，暴露於煙霧之中，用你的頭髮繫縛，悄悄地暗藏在對方家中的某個地方。這個咒符一旦被對方看見了，效果將立即消失，因此，必須注意謹慎選擇場所。

至此，對方已不再將眼光投向情敵，選擇了你。

但是，所謂「十二」，這個數字也經常出現於舊約聖經之中，是具有重要意義的數字。

*咒符的大小，並非特別規定的。

*圓圈的大小也是自由的，但正中央的圓圈應比四周的圓圈更大。

*用頭髮緊縛咒符之際，應使其不鬆開地用力縛緊。

*咒符只要在爐火的煙霧上燻染即可。

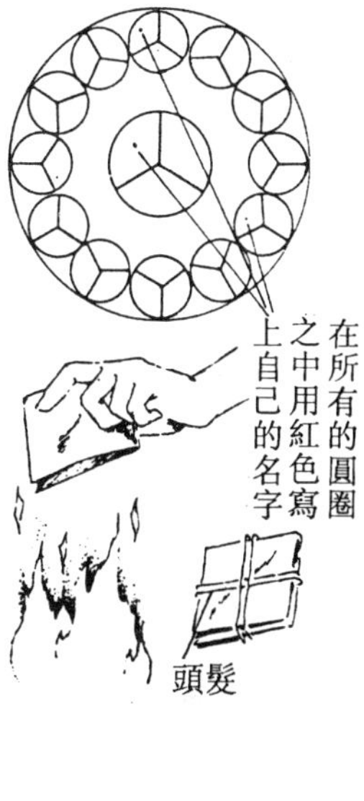
在所有的圓圈之中用紅色寫上自己的名字
頭髮

十二角符的愛情咒符

如果你愛慕的人有其他的競爭對手在爭奪，而希望使他的心屈服於你這一方，那麼，最好描繪十二角的咒符，在其所有的圓圈之中，用紅色各寫進三遍你的名字。在大喝一聲之後，將咒符摺成四部份，暴露於煙霧之中，用你的頭髮繫縛，秘密地暗藏在對方家中的某個地方。對方的心，將由你一人所獨佔！

咒法之四

——封鎖用情不專的愛的鐵鍊

如果你想要挽留所愛的人的心，永遠停止在你身邊的話，那麼，嘗試如下的咒法將很不錯。

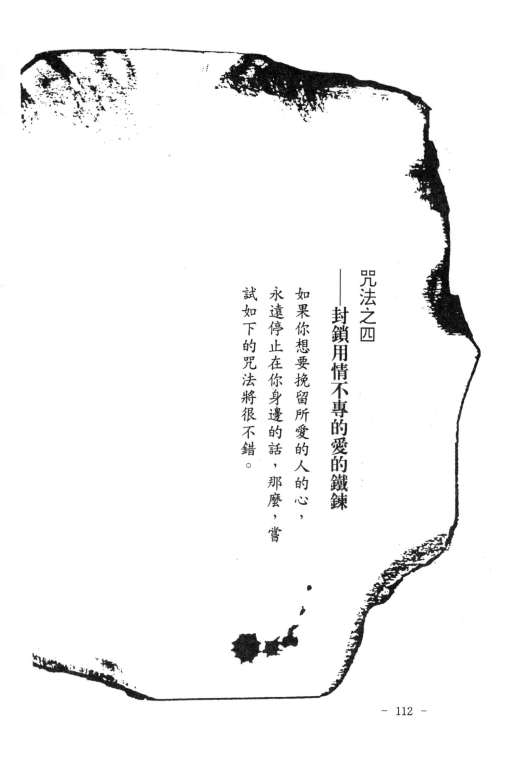

Chained to your love

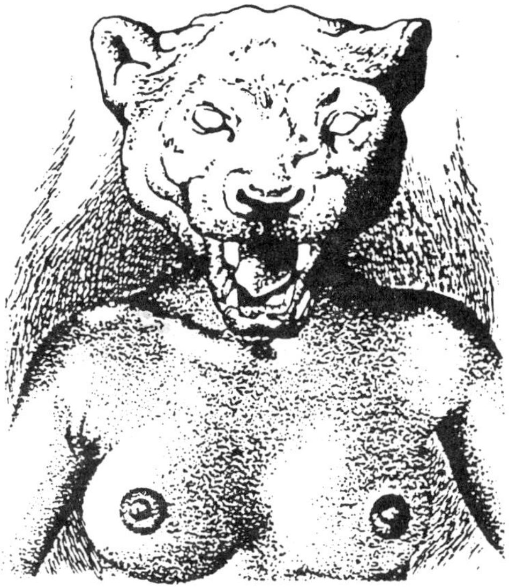

掌握戀人用情不專的證據
封鎖用情不專的愛的鐵錬 I

鏡子的咒術

如果妳懷疑著：「他是不是和其他的人逢場作戲……」而不信任對方的說辭的話……，不被對方知道，可以確定這個問題的答案的咒法，即此一「鏡子的咒術」。

此一咒術，一般認爲自形成現在的鏡子之前，的金屬性鏡子的時代即有。

要準備的東西，首先是一面大鏡子，掛在牆壁程度的大小，大概就可以了。將這面鏡子掛在房間南側的牆壁，也就是說，變成鏡面朝北。

其次要準備的東西，是雞的大腿骨。無論雞的骨頭或任何動物的骨頭都可以。先將這塊雞的大腿骨吊在鏡子前面。僅僅如此，效果便可立刻顯現出來。

所謂的效果，就像一般認爲的「鏡子說話，男性顯現出真正面目」一樣，從對方的口袋出現不明女性的信件，或是並非妳的東西卻有嫩羊肉從一旁掉落地上……，諸如此類的情況，妳應可看出以往不明確的、對方行爲的一部份。

因爲此一咒術需使用大腿骨，所以也被稱爲「骨頭所說的咒語」。

*使用的鏡子，不可以有污點、模糊不清。

*鏡子應使其朝向正北方。即使稍微移動位置，就無法期待效果出現。

*垂吊骨頭時，骨頭應像映照在鏡上一樣地吊掛在鏡子中心，與地皮平行。再者，爲了不致於在中途讓骨頭落下，應用繩子緊緊地捆綁好。

鏡子的咒術　如果妳對所愛的人的言行舉止抱有疑問，想要確定所疑惑的事情，那麼，最好在朝北的鏡子前面吊著雞的大腿骨。

轉瞬之間，鏡子說話了，男性呈現出眞正面目，妳將可以明白妳所愛的人行動的一部份。

米蕾塔的愛情咒文

將戀人的心吸引回自己身邊。

封鎖用情不專的愛的鐵鍊 Ⅱ

與戀人必須長期遠隔兩地時，爲了將戀人吸引到自己這一邊的咒法，即是此一「米蕾塔的愛情咒文」。

「米蕾塔」是遠溯自紀元前巴比倫王國的愛的女神，「米蕾塔的愛情咒文」，則是流傳於地中海地方，藉由咒術師，被一直傳承下來。

在施行咒法上成爲必要的物品，是如圖一般的二張由白紙製作的「米蕾塔像」。大的一張上，背面應描繪如圖一般的秘密文字，以及對方的姓名。然後，於星期六夜晚十二點，恰好正要越過一星期的那一瞬間，用自然的火將小張的「米蕾塔像」燃燒成灰燼。燃燒完「米蕾塔像」之間，唸誦三次：

「米蕾塔・拉・哈爾」

大的那一張「米蕾塔像」，隨時不離身地帶著。然後，每天唸誦一次「米蕾塔・拉・哈爾」

此一咒文，是「女神啊，留住他吧！」之類的意思。

*秘密文字應無誤、正確地書寫。

*燃燒「米蕾塔像」時，所謂的「自然的火」，並非火柴或打火機的火，而是指一度移至小樹枝上的火而言。

*原本是愛的女神的米蕾塔，出現在某名少女的夢中，告訴她「用愛的力量將戀人鎖銬起來」的秘術，即是此一愛情咒術的由來。

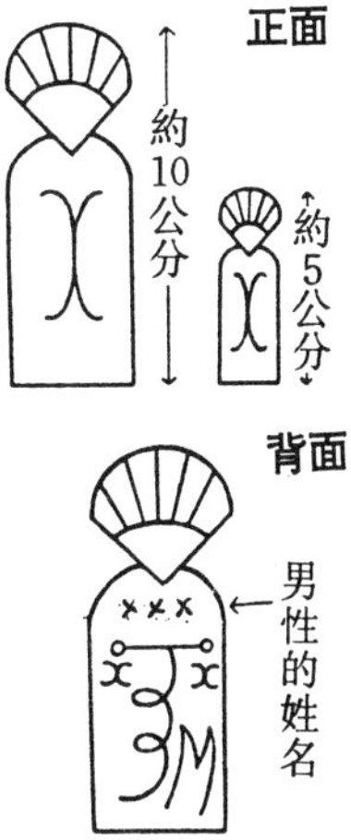

米蕾塔的愛情咒文　如果你希望將遠離而去的戀人的心誘惑回來，再次吸引對方，那麼，最好用白紙製作二張米蕾塔像，在大的那一張上，記下秘密文字及對方的姓名。然後，在星期六的夜晚十二時，亦即恰好變成星期日的那一刻，用自然的火燃燒小的那一張米蕾塔像，唸誦三次米蕾塔的咒文！大的那一張米蕾塔像，最好是隨時不離身地帶著，作爲愛情咒法的咒符，使戀人的心再度回來。

封鎖用情不專的愛的鐵鍊 III

邪星的護身符

使冷淡的感情再度變得親密。

如果你感覺到最近與戀人的關係不算很融洽，想要使兩人之間復甦從前那樣的親密度的話，那麼，只要借助咒術「邪星的護身符」的力量，大概就可以了。

所謂的護身符，是指避邪物而言。

被使用於咒術的星型，通常是五角形且前端尖銳的，但在這個邪星上，前端附有圓球。這代表了，此一咒術起源於黑魔術。

「邪星的護身符」是自中世紀起開始被使用的咒術，據說，即使到現在，仍在法國的布列塔尼地方的一部份被使用著。

施行此一咒術時，用紅色將如圖一般的護身符描繪在左手的手掌上。然後，只要將這個「邪星的護身符」伸到臉前，在心中拼命地默禱你的願望。此時，默禱的辭句沒有必要說出口。

正因爲是起源於黑魔術的咒術，所以效果絕大。按照妳的願望，你們兩人之間將像以前那樣地，甚至超過這個程度，變得親密起來。

*護身符的大小，大致上四公分左右的物體即可。

*紅色無論用繪畫顏料或任何顏料都可以。

*作爲咒法而使用的「邪星的護身符」，咒法一結束，就應立刻洗掉。

*施行咒術一事，應絶對不要洩漏給別人。

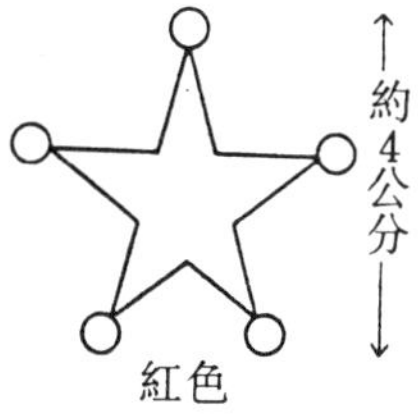

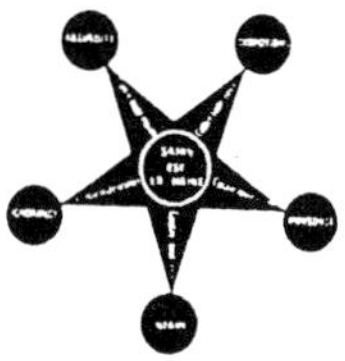

邪星的護身符

如果你與所愛的人的感情不融洽，想要恢復親密度，那麼，就將附加五星形的最尖端加上圓球的「護身符」圖形，用紅色描繪在你左手的手掌上。在大喝一聲之後，將左手的手掌朝向臉部，在心中默禱你的願望。黑魔術的力量是絕大的，一定可使你們兩人的愛復甦過來。

特波的咒文

封鎖戀人的見異思遷。

對一見到稍具魅力的異性，就失去沈著鎮靜，以成爲戀人前提，無論如何想要設法認識對方的你而言，此一「特波的咒文」，應該可以成爲巨大的力量。

此一咒文，原本是在愛爾蘭西海岸地方，自數百年起即被一直使用的咒文，最後也被流傳於英國。咒文本身的意義，除了據說是召喚惡魔的辭句之外，並未知有任何其他的解釋。總之，一般認爲若能唸誦此一咒文，便可將對方綑綁在你身旁，不會移情別戀。所謂的咒文，是如此的內容：

「狄亞波、狄亞波
美魯特
史司夫
特波」

此一咒文，不僅唸誦一次而已，連續數次不停地唸誦，效果最爲龐大。另外，一般認爲，姑且不談寫在紙上，即使只用手觸摸，也具有同樣的效果。

＊咒文只要一面強力地凝視著對方一面唸誦，就會有效果。

＊爲了不被對方察覺，應一口氣唸誦完畢。

＊咒文應正確地記住，專心致志地唸誦。

特波的咒文

如果你所愛的人被具有魅力的異性所奪走，擔心於他與你的關係變成虛應故事、敷衍了事，那麼，最好藉由「特波的咒文」，將所愛的人拴在你身邊。你應該一面強烈地凝視對方，一面像不被看破似地唸誦。你的不安，將會消除，不再擔心戀人移情別戀。

甘草的愛情咒術

使遠離你的戀人不受來自異性的誘惑

封鎖用情不專的愛的鐵鍊 V

若你的眼睛看不著身在遠方的戀人，擔心他是否會被其他的異性所誘惑，則藉由施行此一「甘草的愛情咒術」，便可以安心地等待戀人回來的那一天。

此一咒術，是流傳於地中海地方白魔術的一種，具有非常悠久的歷史。

要準備的東西，是戀人本身所寫過的東西，是信件也好，筆記也好，無論任何東西都可以，以及甘草，亦即「拉克利斯」。

一旦準備好了，首先要進行的，是在對方已寫過字的東西上，將你的願望照樣地書寫上去。至於想如何書寫，想用什麼工具書寫，則是妳的自由。

然後，將甘草儘量地切得小小的，把這張紙和甘草一起裝入罈子裏。此時，不必封住開口。

如此，便可確實地使戀人遠離來自其他異性的誘惑。

然而，有別於此一咒術，隨時寄信給戀人，或是打打電話，只是將心留在對方身旁，不用說當然也有效。

*甘草是到漢藥店就可立刻買到的東西。價格大致上約十五公克二十五元。要準備的是二十～三十公克左右即可。若是一開始就弄成粉末的甘草，則照原樣使用。

*書寫願望時，即使與下面的字重疊，也沒有問題。

甘草的愛情咒術

如果你想要保護遠離而去的戀人不受來自其他異性的誘惑，那麼，最好在由戀人寄來的信件的文字上，將你的願望，重疊地記下，與切得小小的甘草一同，將紙片收到瓶中。如果妳不怠慢寄給戀人的信件，那麼，其他異性的誘惑將被拉得遠遠的。

防範未婚夫的移情別戀。

封鎖用情不專的愛的鐵鍊 VI

畢拉特斯十字形

結婚戒指或訂婚戒子，爲何要戴在左手的無名指上呢？

這是因爲左手代表順從，而且，無名指一直被相信是司掌愛情與羅曼史的風流韻事，再加上，戒指本身被認爲是將女性性器象徵化的東西。

那麼，雖然有打算共度一生的戀人，正考慮著訂婚……，但若說擔心對方見異思遷、移情別戀，則只要與訂婚戒指一起使用「畢拉特斯十字形」的咒法，大概就没有問題了。

訂婚戒指雖通常在內側刻了兩人的姓名（或是姓）及訂婚的日期，但是，此時請一起刻上如圖一般的護符文字。

雖說是「文字」，但這並非特別命上名稱之意。不過，護符文字全體被稱爲「畢拉特斯」。

在古代的護符之中，有使用此一記號的護符，它似乎是因唸誦「畢拉特斯」這個咒文的地方，而被如此稱呼。

要帶來幸福，若將此一文字刻在戒指上，藉由這個方法，你們兩人的關係，一定會永不改變地被愛支撐著，成爲美好的愛情。

*一般認爲，結婚戒子以白金最爲適合。

*鐫刻於內側的護符文字，無論多麼地微小都可以，但應清晰、深入地鐫刻。

*即使是鐫刻於結婚戒子的內側，當然也是可以的。

*只要經常地意識到這個護符文字即可。

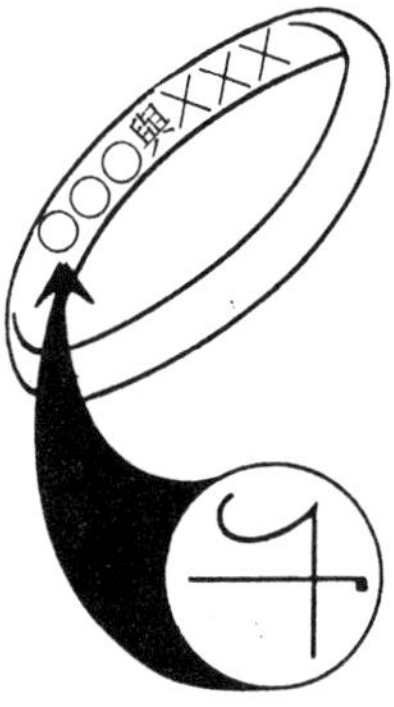

畢拉特斯十字形

如果你已有結婚盟約的戀人，而想要封鎖住對方變心的舉動，那麼，最好在訂婚戒指的內側一同刻上「畢拉特斯」的護符文字、兩人的姓名。然後，若在你左手的無名指，經常套著戒指，祈禱兩人的關係永不改變，則幸福會帶到你身上，使對方的愛情堅貞不渝，兩人長長久久，直到天荒地老。

不使對方做出不符自己期望的行為

封鎖用情不專的愛的鐵鍊 VII

魔爪的魔棒

因爲過於愛他的緣故，就連他僅是想要擁抱自己以外的女性也受不了……，這樣的妳，藉由施行此一「魔爪的魔棒」，便可使他絕對不做出不符妳期望的行爲。

此一咒法的方法，一般認爲，在位於丹麥西端的法努島上，自數世紀以前即有。製作「魔爪的魔棒」，在戀人或丈夫外出的時候，對著其背影，將此一魔棒掄起作爲盾牌。僅僅這些即可。

製作魔棒的方法，首先是剪掉妳兩手的指甲，將這些指甲包在鞣皮裏，綁好。在這個成爲筒狀的東西，用紅色標記魔爪的符號。其次，使用十根細條木板，再將這個圓筒包進去，這即是魔爪的魔棒（Devil·Stick）。

製作方法很簡單，但效果絕大。藉由此一咒術，對方不再花心是理所當然之事，而妳所不希望的事情，他也完全不會去做。一切如妳所願，對方將在妳的掌控之中，愈來愈符合你的期望。他不可能掙脫出爲了封鎖用情不專的愛的鐵鍊，只能乖乖地作妳的俘虜，妳就像有了一支無形魔棒作爲盾牌一樣，隨時抵擋住他輕舉妄動。

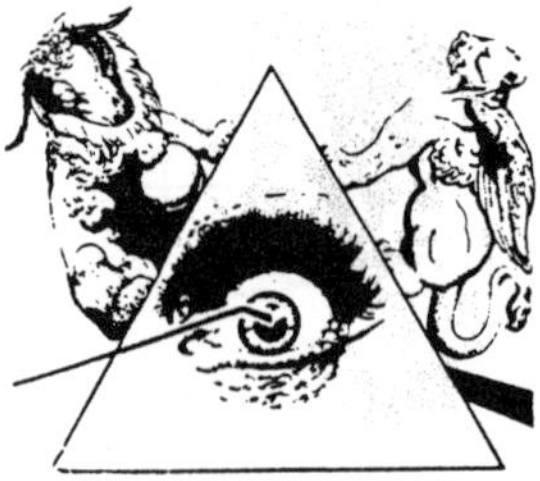

*雖小一點也可以，但還是應準備十隻手指所有的指甲。也就是說，十片指甲是必要的。

*鞣皮的大小，約爲二十公分見方左右。

*一旦將指甲包在鞣皮裏，便應使其不致於掉落地牢牢綁好。

*包裹鞣皮的細條木板，長度約爲三十公分左右，材質則無論何者均可。

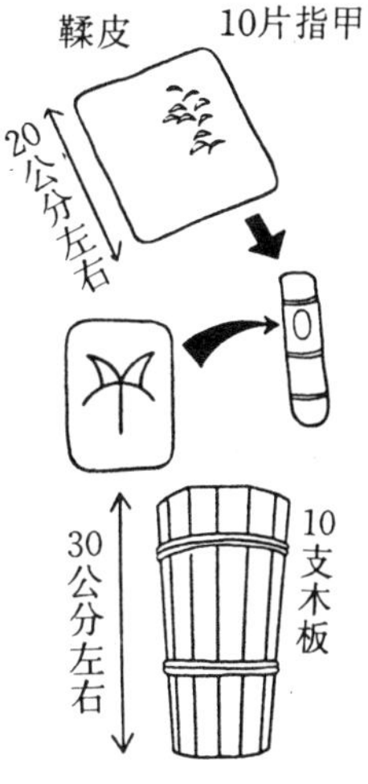

魔爪的魔棒　如果妳有眞正鍾愛的對象，而希望讓他絕不會做出非妳所期待的行爲，那麼，最好將十片妳兩手的指甲包在鞣皮裏，細綁起來。在大喝一聲之後，用紅色標記魔爪的符號，將這個筒形的東西，用十根細條木板再包進去。然後，在所愛的人想要出去外面的時候，朝向其背影，掄起此一魔棒作爲盾牌。如此一來，將可封鎖住其花心的行爲。

治癒戀人的朝秦暮楚癖、拈花惹草癖

封鎖用情不專的愛的鐵鍊 Ⅷ

馬札爾的五文字符的咒法

舉例來說，是妳的戀人整天無所事事，連工作也不要了，而且，只是與其他的女性散步的話……。妳大概毫無道理去忍受這樣的對象。

然而，藉由利用此一「馬札爾的五文字符的咒法」，將可治癒戀人的朝秦暮楚癖、拈花惹草癖，不再表現出這些惡習。

此一咒法流傳於匈牙利，所謂的馬札爾，即是指匈牙利而言，馬札爾人是匈牙利的主要民族。

要準備的東西，是小型的木片。在其上用刀子寫進如圖一般的文字。與其說是書寫，也許不如說是雕刻來得更好。這便是馬札爾的五文字符。

其次，同樣用刀子在背面雕刻妳的姓名及對方的姓名。之後是咒文，早晚唸誦二次：「亞裘・馬塔爾・亞裘・卡佳爾・╳╳╳」

在有╳記號的地方，只要原封不動地將你所希望的事情說出即可。

此一咒法的效果，被認爲會立刻顯現，你所愛的人，必將變成另一個人似的，回到你的身旁。

*文字應正確地寫入。

*唸誦咒文時，應先將五文字符的正面朝向自己這一方，以利唸誦。

*咒符爲了絕不被其他的人看見，應充分注意收藏好，保持隱密性。

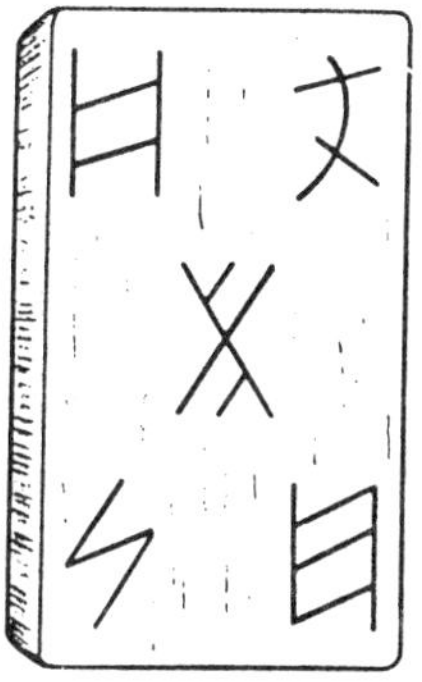

馬札爾的五文字符咒法

如果妳希望治癒所愛慕的人的朝秦暮楚癖、惹花拈草癖，那麼，最好在小型的木片上雕刻馬札爾的五文字符，並在背面雕刻妳及對方的名字。在大喝一聲之後，早上及晚上各唸誦一次「亞裘・馬塔爾・亞裘・卡佳爾・××××」！妳所愛的人，將回心轉意，不再使妳痛苦。

封鎖用情不專的愛的鐵鍊 IX

能明瞭性的愉悅。

瑪爾嘉莉達的愛情火焰咒符

被認爲是給予心地純潔的瑪爾嘉莉達性愛的歡愉的湖泊精靈魯歇，出現在她的夢境之中而傳授的秘術，此一「瑪爾嘉莉達的愛情火焰咒符」，在北歐是自超過八百年以前即流傳著的咒術。

首先，將圖上所示的奇異記號，用紙剪下製作成咒符。

然後，等待新月之夜，在那一天來臨的時候，燃起三支蠟燭的火。其次，用手撕碎以紙做好的火焰咒符約三分之一大小的部份，在第一支蠟燭上烘烤，化爲火焰，燃成灰燼。

此時，要唸誦著「賽爾・貝帖爾・波・史基秀・塞果・歐姆尼・拉波露多・由修塔」的咒文。繼續烘烤剩下的三分之一咒符，在第二支蠟燭上，與「奧果・帕魯旦・波・巴拉・巴秀・羅賓・沙拉諾尼・安德來」的咒文一同化爲灰燼。最後，將剩下的另三分之一放上第三支蠟燭烘烤，一面唸誦著「秀斯・可爾尼・塞挪爾・凱秀・特洛尼斯・阿魯馬・拉・美尼爾・杜雷傑」的咒文，一面燃燒。至此，妳的身體將可明瞭性愛的歡愉，儘情地享受於其中，不致於不解風情、扭怩不安，更能充分地解放身體，展現出不同於羞澀畏縮的女性的一番風情。如此一來，男性們將屈服於妳的魅力。

*點燃蠟燭時，除此之外的光線應全部消去。若不如此做，則會没有效果。因此，在實行咒術之前要先將一切燈光、亮光熄滅。

*咒文應慢慢、正確地唸誦。

*唸誦咒文的順序，不要弄錯。

*新月被視爲不死的象徵。

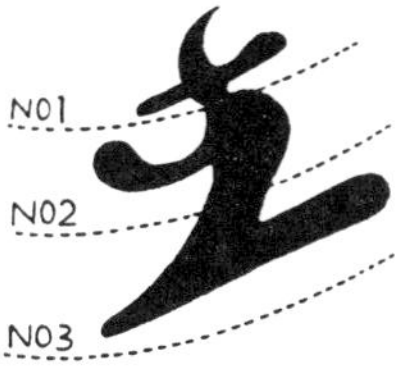

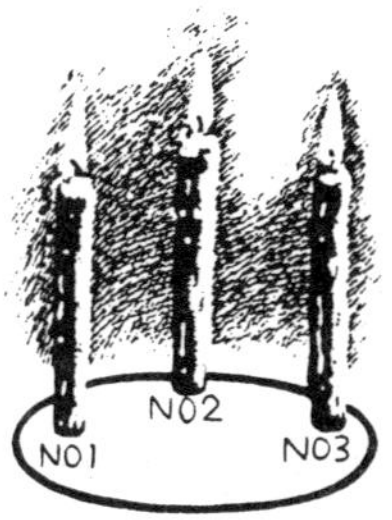

瑪爾嘉莉達的愛情火焰咒符

如果妳希望在與所愛的人的性交上能獲得愉悅的感受，那麼，也許最好是仰賴於瑪爾喜莉達的愛情火焰咒符。在新月之夜，燃起三支蠟燭，將火焰咒符撕成三份。然後，與咒文一同，在第一支蠟燭上燃燒第一份火焰咒符，接著，在第二支、第三支蠟燭上，將剩下的兩份咒符也全燃燒盡。不久之後，妳將明瞭性愛的歡愉！

咒法之五

——邪惡啊，離去吧！

如果你被邪惡的東西所苦惱，希望遠遠地拋開苦惱的話，那麼，嘗試如下的十大咒法將很不錯。

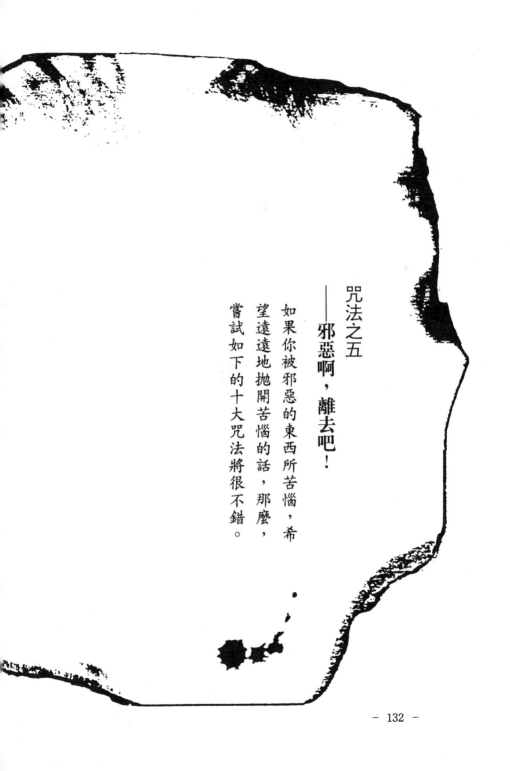

Go away,
something wicked

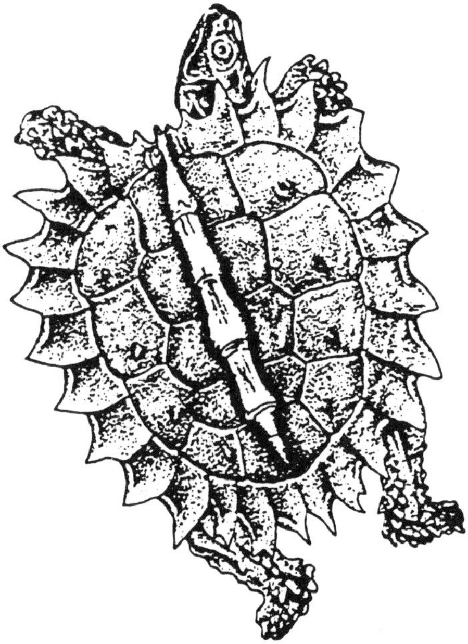

法努的咒砂

從本性不良的異性手上挽回所愛的人。

邪惡啊，離去吧！—

所愛的對象與本性不良的異性，不肯分手，無論如何竭盡心力地說服他也不爲所動，在這樣的時候，正是因爲那位異性身上有那麼一點「性愛的力量」，才使你失寵。

因此，此時需有破除此一「性愛的力量」的强力咒法。而最適合這個情況的，即是「法努的咒砂」。

首先，製作相似於對方模樣的木偶。使用木板，只要一邊想起對方的模樣一邊做即可，不必真正酷似對方。接著，用木頭製作二隻手指形狀的湯匙，稱爲「惡魔之手」

其次，準備一撮砂子，放在鐵板上，一面唸誦「法内斯·沙恩·杜真斯·沙恩」的咒文，一面不斷地加熱。此一咒文，當然最好是先背誦下來。

將這些加過熱的砂子用三隻手指形狀的湯匙剷起，像給人偶灌注詛咒似地撒上去。此時，仍繼續不斷地唸誦「法内斯·沙恩·杜真斯·沙恩」這個咒文。

由於此一咒法，本性惡劣的異性將逐漸地從你所愛的人身旁離去。

*此一咒法，是流傳於位在丹麥西端法努的咒法。

*加熱砂子的鐵板，可以使用長柄平底鍋。

*對於被施加咒法的效果，是精神上的異變。藉由這個效果，此異性將自行離去。

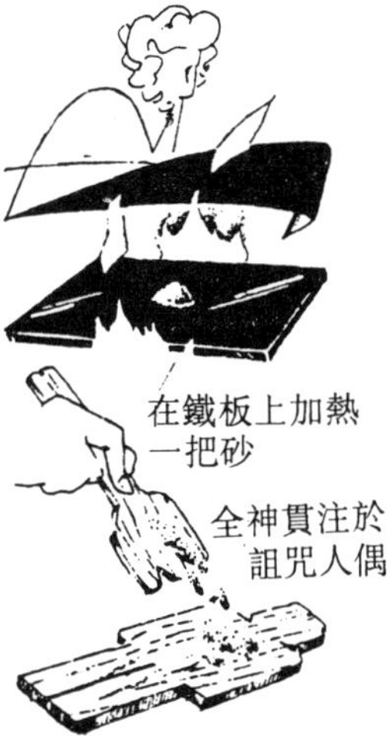

法努的咒砂　如果你想要由本性惡劣的異性手上奪回所愛的人，那麼，就用木頭製作類似於對方的人偶，再製作三隻手指形狀的「惡魔之手」，在鐵板上，一邊唸誦「法内斯・沙恩・杜眞斯・沙恩」的咒文，一邊燃燒砂子！並使用「惡魔之手」剷起砂子，一邊唸誦相同的咒文，一邊將砂子丟向人偶！心地不良的人，將因此而在內心產生變化，離開你所愛的人。

雙頭蛇的詛咒

遠離有企圖的人。

在這個世界上，有人非常善於誆騙別人，對於這樣的人，一旦你所愛的人或身邊親近的人被詐欺的時候，要如何是好呢？受騙的一方或許也有錯失，但大多數的人都是性格懦弱，也不太有意志力，你自己本身可能就是如此的人。

然而，姑且不論理由爲何，遠離這樣的對象仍是必要的。首先，要準備的東西是如圖一般大小的皮（鞣皮）。在這張毛皮上，用紅色描繪上兩端有頭的蛇的圖案。這條蛇是雙頭蛇，一種魔物。

其次，將像圖騰一樣的咒符文字用藍色寫進毛皮上。進行這些作業時，絕對不能被人看見。儘管被看見了，但因爲災禍當然不會加諸於自己身上，所以可以安心，不過詛咒的效果卻變成零。另外，在作業之中不可渙散精神，應統一意志。

那麼，最後將此一魔符放入信封，投寄給對方。這個時候，不可以書寫你的姓名、住址。起源於希臘時代的此一雙頭蛇的詛咒，會爲收到魔符的人，帶來從現在所在之處被拉開遠離的效果，造成「隔離」的作用。

*紅色、藍色的繪畫工具。無論色筆、墨水等等，任何工具都可以。

*毛皮可以在皮包店或專賣店等處買到，一些有個性的小商店也買得到。

*蛇的圖案，不必畫得很好，只要將雙頭清楚地畫入，便足夠。

雙頭蛇的詛咒

如果你想要遠離討厭的對象，那麼，就在一張毛皮上用紅色描繪雙頭蛇的圖案，再進而用藍色添加書寫咒符文字。進行這些所有的作業時，最好集中精神，將心靈合而爲一。魔符不要記下自己的名字，寄達對方手上。雙頭蛇的詛咒，藉此而成功，對方將離你而去，永遠離得遠遠的，沒有機會施展其陰謀，得遂不良的企圖。

神力的惡咒

拒阻厭惡對象的來訪。

邪惡啊，離去吧！ III

無論如何都不希望其來訪的人，任何人都會有一、二個這樣的「拒絕往來户」。或者，有時最糟糕的情況是，明白地吩咐對方不要來，但他卻不請自來，成了「不速之客」。

使用於如此情況的，即是「神力的惡咒」。用厚約一公分的木板，製作一個手的模型。大小並不是問題所在，大致上與人的手同樣大小即可。並且去除雜念。手的模型，可以是左手，也可以是右手，不必製作指甲的模型等等。

在做好的手的模型的兩面，用黑色畫一個圓圈。然後，從圓圈的中央至圓內三方位，也同樣用黑色畫直線。

一邊將三、四公分左右的鐵釘打入手模型的拇指與食指之間，一邊强力地詛咒對方不會再來。打入釘子的手模型不要丟棄，掩藏在人們看不見的地方。此一咒法，相傳在羅馬尼亞的喀爾巴阡山脈地方，自中世紀即一直在施行。只要施行此一咒法，便可拒阻任何令人厭惡的頭痛人物於門外，擋住對方可能帶來的麻煩。

*此一咒法，別名爲「詛咒鐵釘的咒術」。

*所謂「神力的惡咒」的「神力」，在羅馬尼亞語之中讀作「馬納」（mana），指手而言。

*此一咒法的效果，是相當速效的。

*咒法只爲了自己或爲身旁的人都可以施行。

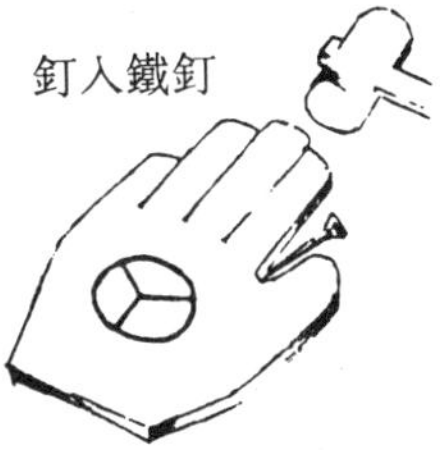

神力的惡咒　如果你不喜歡來訪的人時，那麼，最好利用木板製作大約與實物同樣大小的手的模型，在其兩面上，用黑色畫出由中心同樣都延伸至三邊的線條，將此用圓圈圍起。

在大喝一聲之後，一邊在手模型的拇指與食指之間打入鐵釘，一邊強力地默誦「拒絕來訪」的咒語。神力的意念，將飛向天空，斷絕厭惡對象的來訪。

刺劍的詛咒

不被討厭的男性所糾纏。

邪惡啊，離去吧！

有被女性所嫌棄，但卻糾纏著女性的男性，也有被斬釘截鐵地拒絕，但卻仍一直打電話或寄信，這類都是令人討厭的男性。

對於如此死心眼、想不開的人，最有效的即是此一「刺劍的詛咒」。

首先，要準備的東西是刀子，大小並無限制，但刀刃部若無金屬則不適合於咒法。其次必要的東西是紅色蠟燭。

咒法本身極其簡單。在紅色蠟燭上點火，將蠟滴在刀子的一面，但另一面完全不必滴蠟。然而，需要某種程度的空間。之所以如此，是因爲有必要寫上自己所討厭的對象的姓名。

一面唸誦如此的咒文：

「休．

尼．

特來頓」

一邊用前端尖銳的東西在蠟上刻進對方的姓名。刀子只要不被人看見，收拾好即可。

＊此一咒法，在瑞典語之中稱爲「利刃的詛咒」，是流傳於波羅的海歐蘭朵島的驅除不良因緣的咒法，可以用以避免孽緣。

＊從前，據説是使用攙混了動物血液的蠟燭，以取代紅色的蠟燭，但現被認爲是不必要的。

刺劍的詛咒　如果你因某些不好的因緣而被不喜歡的男性所糾纏，那麼，最好在金屬材質的小刀上滴下紅色的蠟油，在凝固的蠟塊上，一邊雕入孽緣的男性姓名，一邊唸誦「休・尼・特來頓」的咒。刺劍的詛咒，將會奏效，你所不喜歡的男性，將抑制身軀不靠近你，自你的身旁離開。

卡尼的手部護身符

為了不遇上痴情漢的護身符。

邪惡啊，離去吧！V

痴情漢也是令人頭痛的人物。一般認爲，大部份的女性都有遇上癡情漢的經驗。雖是很普遍的現象，但儘管如此，癡情漢的行爲絕不可看輕，以爲沒什麼大不了的。

在此，包括癡情漢在內，若說起來則爲了不遭受來自不特定多數的最厭惡對象的傷害，即是此一咒法。這個咒法，是流傳於密克羅尼西亞一部份地方的咒法，被稱爲「卡尼的手部護身符」。

必要的東西，是棕櫚樹的樹皮。在密克羅尼西亞，雖也使用椰子樹的厚皮，但以往沒有必要這個東西。將切得細細長長的樹皮弄柔軟了，用其中二根製作成Y字形。大小雖沒有一定的標準，但因爲是要放入皮包等隨身物品，放在身邊的東西，所以最大大概約十公分即可。

其次，同樣用切細的樹皮做一個圓圈，只要結在Y字型開口之處便大功告成。縱使有令人不快的人在身邊，只要帶著這個護身符，便可避免被害。相傳，女性如果想要不遇上苦苦糾纏的痴情漢，都會在身上帶著這種護身符，以避免感情的糾紛。

*樹皮可以用絲線將二、三根細的樹皮綁紮成一根。

*做Y字型或圓形的結，用一般的紗線或繩亦無妨。

*守護符，應先放入手提袋、皮包等處，帶在身上。

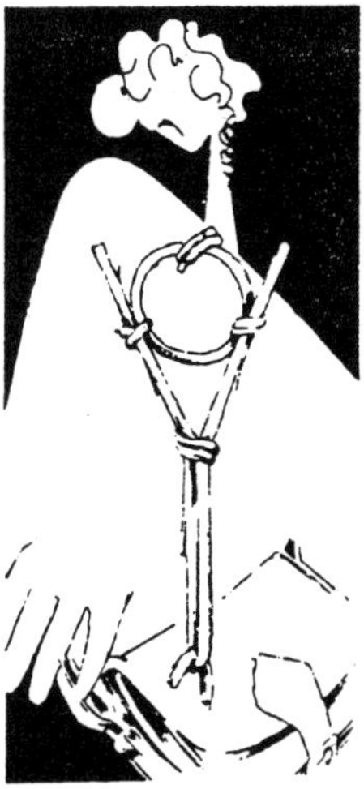

卡尼的手部護身符

如果你想要避免與不喜歡的人接觸，甚至極不希望有碰面機會時，那麼，最好用棕櫚樹皮製作一個Y字型，並製作一個圓圈結在Y字型中央，經常攜帶在身上。具有邪惡不正之心的人，藉由「卡尼的手」將被阻攔其意志，不再一廂情願，收起痴心，而你的身體，也將受到保護。

松葉的血咒

從阻礙你行動的人解放出來。

邪惡啊，離去吧！VI

雖有私訂終身、互相山盟海誓的對象，但卻因家人的反對而被禁止交往。或者，有了新的戀人理應每天都非常快樂，但從前的戀人卻也糾纏不休，令人無計可施，這樣的時候，應使用此一「松葉的血咒」。

此一北歐自古即流傳下來的咒法，一定可以使你獲得自由，享受嶄新的生活。

首先，蒐集三根松葉。在這些松葉的前端，塗上少量你自身的血，但這只要將小指的前端用松葉塗抹一點點血即可。

其次，將此三根松葉包在白紙裏，三個晚上放入枕頭底下就寢。

躺下來時，只要莫忘連續不斷地唸誦九次這樣的咒文。

「帕拉・夫利・帕拉・夫利・羅奇・羅奇・帕拉・夫利・帕拉・夫利」。

然後，在第四天的早上將此包裹原封不動地燒掉。此時，强力地默誦：「請讓我能獲得自由！」如此一來，你將從成爲你行動上障礙的人中解放出來。

*塗在松葉前端的血，用看得見或看不見程度少量血即可。

*咒文的意義，是「羅奇的神啊，希望賜與我自由」的意義。

*所謂的羅奇，在北歐神話之中是一位魔神，司掌火的管理。

松葉的血咒　如果你希望由束縛住你的諸多手中逃脫，成爲自由之身，那麼，就將三根松葉浸泡在你的血中！在大喝一聲之後，將三根松葉仔細地包在如白雪般的白紙裏，夜晚放在枕頭下，向羅奇的神唸誦著「帕拉．夫利的咒文」，祈禱其援助。

在三個夜晚之後的第四天早上，將紙包火化，只要強力地默誦「自由」即可。

雙舌的護劍

不接近帶來災禍的人。

邪惡啊，離去吧！・Ⅶ

此一咒法，是所謂的驅魔避邪的咒法之一，它扮演了護衛你不發生對你而言不利，甚或危險的事情。

製作的方法是準備一塊木板，製作長十公分、寬五公分大小的十字架，將成爲站立部份的下方，弄成左右分叉的形狀。十字交合的地方，可以用繩子綁起，或是用釘子釘上，無論如何必須防止輕易地掉落下來，不可馬馬虎虎、草草了事。這個奇妙的像十字架一般的劍，即是「雙舌的護劍」。

古代相傳這種劍是金屬製的真正的劍，但不知從何時代開始，成爲專門使用於咒法，僅僅爲了達成此一目的的小型劍，即用木頭製作出來。

在西歐的古老傳說之中，雖有用「雙舌之劍」消滅妖魔鬼怪的說法，但一定與如此的事情有所關聯。

「雙舌的護劍」可以用某個東西將此掩蓋，之後固定於「家的出入口」等處的旁邊，使別人看不見地放置好。因爲由護劍將射發出一股看不見的力量，使對你家而言會造成災禍的遠離，不再帶來危險。

*此一護劍，在瑞典的中部地方莫拉的附近流傳。

*莫拉自古以來即以女巫集會的地方而廣爲人知。

*所謂的「風口」，在古語之中意味著「窗」。

雙舌的護劍　如果你希望不想見的人遠離家門，愈遠愈好，不引起災禍，那麼，最好製作木製的「雙舌之劍」，將此作爲護身之劍，放在家裏的入口或風口，巧妙地隱飾起來，不要被人看見。

雙舌的魔力，將發出靈氣，使你不希望來臨的人，震懾於這股靈氣，不再想著靠近你家一步。

塞爾特的逆卐十字

從不喜歡的對象保護身體。

邪惡啊，離去吧！· Ⅷ

被自己所討厭的男性糾纏不休而傷透腦筋時，或是，目前尚未被糾纏，但預測有如此的危險性，在這時候非常有效的，即是此一咒法。

「塞爾特的逆卐十字」被認爲女性要保護身體不受男性的侵犯，頗具效果。此一咒法，僅僅使用咒符而成立，正如「塞爾特的逆卐十字」所顯示的一樣，它是塞爾特民族從前所使用的咒法。

塞爾特民族，是存在於歐洲最古老的民族之一，居住於目前從法國的布列塔尼地方至英格蘭、愛爾蘭等地，但最後愛爾蘭成爲塞爾特人的主要居住地。

在此一十字形，也就是十字架上，附帶了四個卐（卐型記號。這個「卐」，因爲是從與通常的字體相反的方向寫起，所以被稱爲「逆卐」。一般認爲，它具有法術上的意義。

咒法無論寫在木頭上或紙上都可以，但顏色必須避免使用藍色。塞爾特的逆卐十字，由於只對遠離對你而言很不利的男性具有效果，所以只要經常帶在身上即可，既方便又實用，當你遇到被厭惡的男性窮追不捨時，此一咒效便大大地發揮作用。

*由於咒符是隨時放入皮包等處的東西，因此最好不要太大。

*變舊要製作新的咒符時，應該在燒掉舊物加以處理之後，才製作新的咒符。

*咒符不可以有踐踏之類的情況發生。

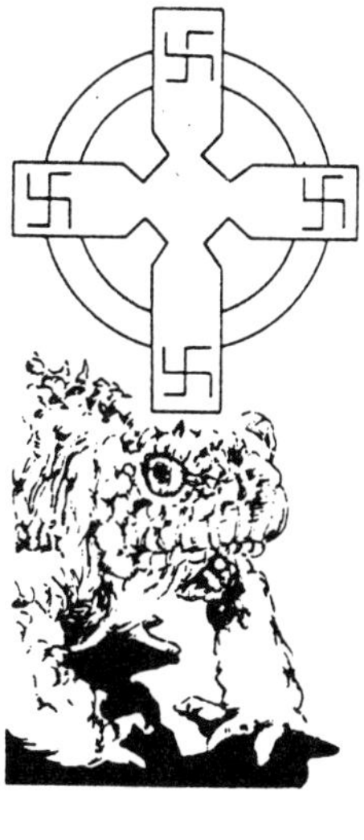

塞爾特的逆卐十字

如果你身爲女性而想要離開不喜歡的男性，並且離得遠遠的，永無瓜葛，那麼，最好製作塞爾特民族所發明，極具效果的「逆卐十字」。在大喝一聲之後，到任何地方去都應經常帶著這個逆卐十字，不離身地妥善保存著。逆卐十字?你絲毫不必懷疑它的效果。

紅蠟的三角椎咒型

使對方不受傷地斷絕戀愛的念頭。

邪惡啊，離去吧！ IX

「我的他，是非常好的人。他雖然希望結婚，但我無論如何都無法違背其心意，只想著他儘快忘了我就天下太平了。正因爲他的人品佳，所以，是不是有不傷他的心，讓他從我身旁離開之類的方法呢？」

在這樣的時候，可以使用「紅蠟的三角椎咒型」。雖然在使對方離去，有各式各樣的咒法，但在不傷害對象上，也許可以說此一咒法具有其本身特色。

首先，要準備的東西是紅蠟。其次，製作每邊各約爲三公分大小的小正三角形，將每邊使用膠帶或紙等東西加以貼合，做成三角形的椎體。向其內部滴入熔化的紅蠟

若中途蠟油滴下來，則將預先準備好的「皮卡的秘密文字符」揉成小小的一圈扔下去，再進而使紅蠟熔化、滴入紙團。

做好的「紅蠟的三角椎咒型」，只要收拾在自己的房間不被任何人看見即可。效果並非速效的，但它確實可以使對方離去。對於一個人品佳、於已無害的追求者，若無法拒絕其感情，在不傷害對方的原則之下，可以利用此一咒法，使對方死心，斷絕戀愛、結婚的念頭。

*皮卡的秘密文字，是用紅色寫在一公分見方大小的紙上。

*被人看見你在掩藏「紅蠟的三角椎咒型」時，會失去效果，因此，應挖一個洞埋起來。

*效果產生之後，也同樣地加以處理。

*此一咒法，一般認爲芬蘭爲其發源地。

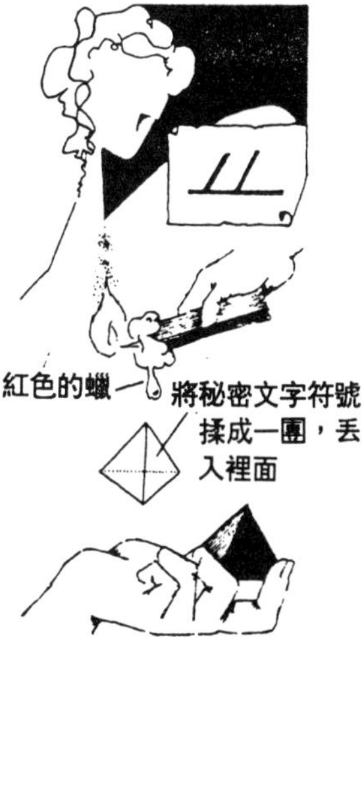

紅蠟的三角椎咒型　如果你有一個無害但無法拂逆其心意的對象，而想遠離對方，那麼，最好使用「紅蠟的三角椎咒型」。在製作的三角椎上，將皮上的秘密文字符與紅蠟一同滴入蠟油。此一具有魔力的咒型，最好是悄悄地掩藏在你房間之中不被看見的地方。它的魔力，將確實不傷害對方，使其遠離，不再動念與你戀愛、結婚，雙方仍保有顏面。

蕾絲波島的髮咒

使情敵從對方的面前離去。

邪惡啊，離去吧！ Ⅹ

以最有效的方法，使你的愛情故事中的情敵，從所愛的人面前離去的咒法，即是此一「蕾絲波島的髮咒」。所謂的最有效的方法，是使情敵變成女同性戀者，如此一來，對方絕對不再可能成情敵，這一點是無庸置疑的。

首先，想點法子準備一根情敵的頭髮。這雖是此一咒法的困難之處，但其效果也最大。還有，準備一個無花果的果實。

星期五的夜晚來臨時，用十五公分見方、兩面都是黑色的紙，製作如圖一般的秘紙。其次，將靠近四個邊角的地方剪下三角形，在中央，用黑色描繪有兩個舌頭的蛇的圖案。在此之間，小聲不停的唸誦「史・巴露密・奴・巴露密米」的咒文。

秘紙若準備好了，則只要在無花果上寫入情敵的名字，與情敵的頭髮一起包入其中，埋入土裏即可。

此一秘術，是希臘的蕾絲波島自二千年前即流傳下來的秘術，據說是爲了遠離變身爲女性，想要誘惑人的魔獸，占星學者們根據神的指示而創造的秘術。向黑蛇觸碰情敵的頭髮，她將成爲一名女同性戀者。

*使用於秘紙的黑紙，必須兩面都黑色的。必要的話，可以將二張單面的黑紙貼合起來。

*用黑色在黑紙上描繪蛇的圖形，圖形雖不太清楚，但並無妨。

*效果應該約二週之久即會出現。

*應不被人看見，秘密地進行作業。

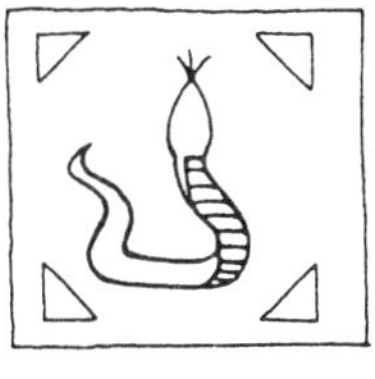

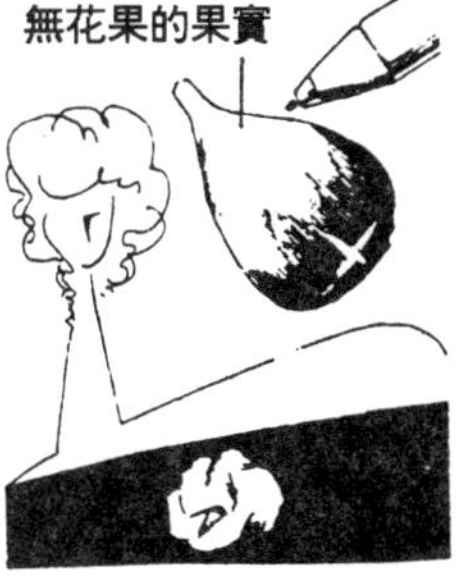

蕾絲波島的髮咒　如果你希望戰勝憎惡不已的情敵，那麼最好取得一根情敵的頭髮！星期五的夜晚，在黑紙上用黑色畫出兩舌之蛇，一邊唸誦「史・巴露密・奴・巴露密米」的咒文，一邊加寫對方的名字，包裹頭髮，掩藏在地裏即可。情敵將變成只對同性有興趣，成爲女同性戀者，不再對你所愛的人緊追不放，而你也將成爲愛情的勝利者。

咒法之六

——封鎖有惡意的東西

如果你想要讓對方停止惡意的行爲，促使其反省的話，那麼，嘗試如下的十大咒法將很不錯。

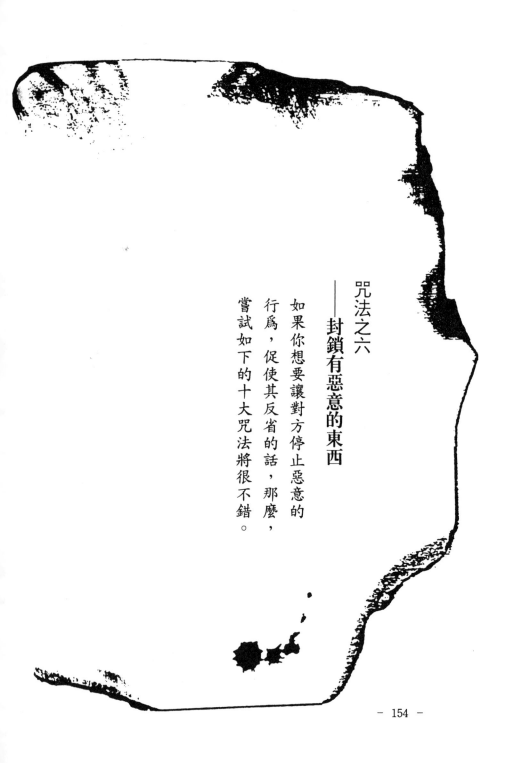

Shut out the malice

聖鹽的骨咒

揮除被施加的詛咒
封鎖有惡意的東西 —

與感情不錯的友人關係，因一點點的誤解而變得險惡，親密的友誼一旦失和、感情破裂，則甚至會發展爲詛咒對方，諸如此類的事態時有所聞。

要化解如此的詛咒，應如何做才好呢？人們會認爲「只要有化解詛咒的咒法就好了」，那也許是理所當然的。而符合此一要求的，即是「聖鹽的骨咒」。

要準備的東西，是動物的骨頭。最靠近手邊而容易取得的骨頭，用雞骨頭即已足夠。這個用小骨頭就可以了。其次，要的東西是動物的毛皮，並沒有特別指定何種動物的毛皮。將這塊毛皮裁成正三角形，在其上用描繪如圖一般的魔符。

在這張毛皮上，撒上一小撮鹽，包裹進去，用繩子綁好。然後，只要燃燒樹枝，在其上面，放上準備好的小骨頭，再在上面放上毛皮，將所有東西全部燃盡即可。

咒文並無必要，若能集中精神進行咒法，則此一咒法便得以成立，被對方所加諸的詛咒，將自然地化解開來，除可能釀成的災禍。由於毛皮上的魔符具有魔力，能使鹽變成「聖鹽」，所以，它可以

護佑你不致與朋友交惡，甚至被施加詛咒。

＊此一咒法，流傳於愛爾蘭。

＊描繪在皮革上的魔符，具有使鹽變化爲神聖的鹽的力量。

＊即使暫且未被施加詛咒，但此爲解咒的咒法，並非帶來某些反作用的咒法，所以並不要緊，仍可實行。

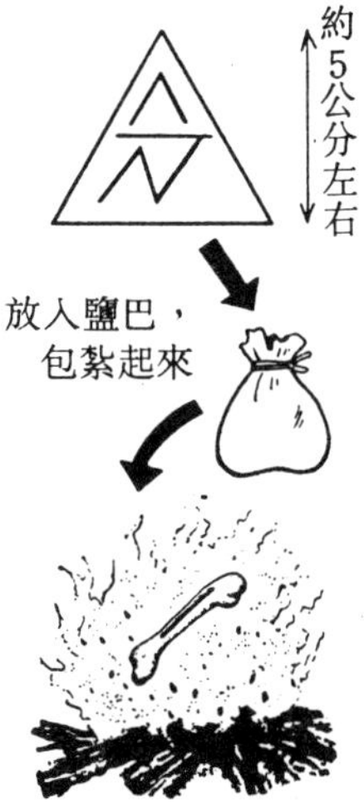

聖鹽的骨咒　如果儘管你未做虧心事，但仍受到詛咒的時候，那麼，最好藉由「聖鹽的骨咒」驅除詛咒。在一小塊毛皮上，用黑色描繪魔符，放上鹽巴包裹起來，在燃燒骨頭的火焰上，將此包裹燃燒，要全燒完才可。

未被對方所說出的詛咒，與燃燒得正旺盛的火焰一起，將離去遠至你永遠也不會去的地方，詛咒將消失於遠方。

松葉的火咒

返還痛苦給使自己痛苦的對象。

封鎖有惡意的東西 Ⅱ

像沈溺於使人痛苦的優越感，這樣的人是非常惡劣的。對於如此的人，是不是有真正意義上的復仇行動呢？比方說，使對方的工作或行事不順利，返還痛苦給對方，這麼做是不是能給予自己報復的快樂呢？

符合此一目的，即是「松葉的火咒」。

首先，蒐集十三根松葉。將此十三根松葉用你自身的頭髮束起來。其次，準備用金屬製成的容器，陶瓷器是不行的，非得金屬製的容器不可。在容器的底部放入鹽巴，在其上面燃燒松葉。一邊燃燒，一邊唸誦「傑露姆的咒文」。此一咒文，務必先背誦下來。

「松葉的火咒」，在認真地施行此一咒法時，便會帶來令人難以置信的效果，所以，應在仔細地考慮是否為真正詛咒的最佳對象之後，再使用此一咒法，施加詛咒給對方，影響所及，使對方遭受與你同樣的痛苦，達到報復的目的。當然，此一詛咒不能胡亂地加諸在無辜者的身上，使與你無怨無仇的人受到波及，而你所施加的詛咒，也應適可而止，以免冤冤相報，永無休止。

*此一咒術，原本是妖術師（Shaman）所使用的咒術。

*松葉無論青葉或枯萎的葉子都無妨。

*所謂的「傑露姆的咒文」，據說是「傑露姆・阿巴里休・史米塔尼爾・松葉的精靈啊，降災給××吧！」（××之處，寫入對方的姓名）。此一咒文，可以降災於你所想要報復的對象，使其嘗受痛苦的滋味。

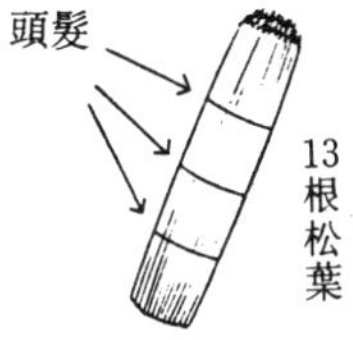

松葉的火咒

如果你對於具有惡意使你痛苦便很欣喜的人，想要報復一番，那麼，最好依賴於使那個人的行事不順遂的咒法。將十三根松葉用你的頭髮束起來，在鐵製的容器之中燃燒，唸誦：「傑露姆・阿巴里休・史米塔尼爾，松葉的精靈啊，降災給××吧！」你的唸咒將成爲火焰，痛苦將回歸到對方身上，使其品嚐自作自受的滋味。

巴路基布斯的妖咒

對抗邪惡的眼睛

封鎖有惡意的東西 III

舉例來說，在工作場所之中有一個非常令人厭惡的人，一旦你想要說什麼，便以銳利的視線瞪視著你，不提出反對意見，或者，在電車之中偶然遇見有惡意的眼光，諸如此類的事情，屢見不鮮。一般認爲，一個人對別人打從心底瞧不起，多所輕侮，或是使人不快，惹人討厭時，即是具有「邪惡之眼」，像這樣邪惡的視線，到處都有、無所不在，令人防不勝防，難以逃避。

這時候，你可以回報以同樣的邪惡視線，用同樣的眼光回頭看著對方。不過，這絕不能說是最佳方法，因爲，有時會變成反作用。

此時，最有效的是使用「第三隻眼睛」，若被銳利的眼光釘視著，不要逃避這個眼光，預備從額頭中央部位稍稍下方釋出力量，瞪視著對方眼睛。其訣竅並非從頭至尾都以自身的眼睛瞪視對方，應是利用從額頭所發出的力量，捕捉對方的視線，與此同時，只要在口中大聲唸誦數次「巴路基布斯・巴拉替洛司・巴路基布斯・巴拉替洛司」的咒文即可，如此一來，在任何時候、任何地方，都能對抗不懷善意的「邪惡之眼」。

*此一咒法，是由中世紀的妖術而來。

*在我們額頭的中央，被確認有「第三隻眼睛」。這隻眼睛，正確地掌握事物，且可說是能顯出活力的一種靈眼。

*「巴路基布斯・巴拉替洛司」的意義，相傳原本是惡魔的語言。

巴路基布斯的妖咒

如果你想要避開瞪視著你的邪惡眼睛所懷的惡意，那麼，最好不逃避那個視線，用位於額頭中央的第三隻眼睛加以對抗。然而，不必用你的眼睛回著對方。使用第三隻眼睛，唸誦「巴路基布斯・巴拉替洛司」的咒文，只要唸誦，「巴路基布斯的妖咒」便可戰勝邪惡之眼。任何蔑視你、令你不悅、惹你厭惡的人，將慴服於「巴路基布斯的妖咒」，不再心懷不軌。

蛇沼的水咒

去除戀愛的障礙

封鎖有惡意的東西、Ⅳ

干擾別人的戀愛路途，阻礙一樁姻緣發展的人，在歐洲有「將其靈魂沈沒於沼澤之中」的一句諺語。妨礙別人的戀愛，也並非其他的問題，它正是一種對自己沒有人緣、不愛歡迎的情結，由此而演變成一些偏差行爲。儘管如此，仍是不能容許的。

「蛇沼的水咒」，是去除戀愛路途的障礙時最適合的咒法。

要準備的東西，首先，一張動物的毛皮，只要將其裁成三個正三角形，每一邊大小約五公分即可。然後，先取得十三根薔薇的刺。

此一詛咒，應在十三號的早上施行。首先，唸誦十三次「史那卡・史那卡・拉布絲・馬德尼」咒文。其次，使用毛皮製作正三角形的小型三角椎，在其中放入十三根薔薇的刺，將十三根自己的頭髮繫結起來，作爲一條繩子，捆綁三角椎。

最後用黑色在各個三角形上分別描繪不同之蛇的圖案，再一次唸誦十三次咒文，從河川也好，池塘也好，丟棄付諸水流。戀愛的障礙，將自然地消失隱沒。

＊此一咒法，是在古代威爾斯地方廣爲人知的咒法。

＊據說，由於邪惡的姊姊的作祟，使妹妹與相戀的男性的感情被離間拆散，住在蛇所居住的沼澤的精靈，看了如此可憐的妹妹而痛心，透過女巫傳授下來的咒法，一般相信即是此一咒法。

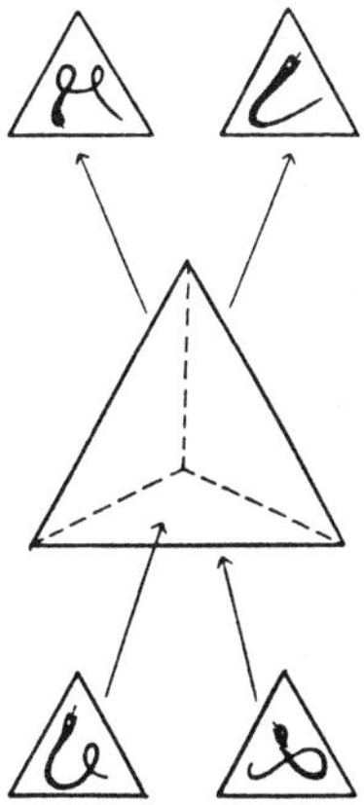

蛇沼的水咒　如果你想避免來自惡意干擾你的戀愛路途，免受破壞，那麼，就在十三號那一天唸誦十三次「史那卡・史那卡・拉布絲・馬德尼」的咒文，在三角椎之中，放入十三根薔薇的荊棘，在三角椎的各面描繪黑色有如異形一般的蛇的圖騰。在大喝一聲之後，用你的十三根頭髮捆綁這個三角椎，再度唸誦十三次咒文，歸回水中！你的戀愛路途，將變得平安順遂。

封鎖有惡意的東西 V

十字蛇劍的避惡咒法

從無法預期的惡保護身體

所謂惡意，並不能知道由誰發出的東西。普通的人，是無法看透眼前近在咫尺的危厄的。我們經常在如此意義上暴露於危厄之中，絕非言過其實。

自古以來，人們一直爲了跨越如此的危厄、不暴露於惡意之下，而不斷地努力著。在古代社會，十字架也是因此一目的而被使用的東西之一。此一「十字蛇劍」，不僅是這個例子而已，而且被認爲具有很不了起的效果。

製作方法是一支粗細約二公分、長短約十公分的棍棒，以及一支粗細約一公分、長短約五公分的棍棒分別使用。將粗的那一支棒子立起來，細的那一支棒子橫放，做成一個十字架。在十字架的上部，挖開一個洞，向這個洞口滴入紅色蠟油。若在豎立的棒子上描上蛇的圖案，便大功告成。無論使用什麼顏色都完全無關乎效果。一般認爲，也可雕刻蛇的圖案。十字蛇劍的效果，僅止於製作這個十字蛇劍的人，所以，有必要自己製作，不可假手他人。如此一來，保護自己的身體，不受來自無法預測的惡意的侵襲，不致暴露於不可知的危厄之中，避免諸種惡事，逃開可怕的災禍。

*此一蛇劍的原型，已被認爲在古代埃及。

*蛇具有懲罰罪惡的效果，十字架則具有不讓邪惡靠近過來的效果。

*蛇劍不必要不離身地帶著，只要事先放在身旁的地方即可。

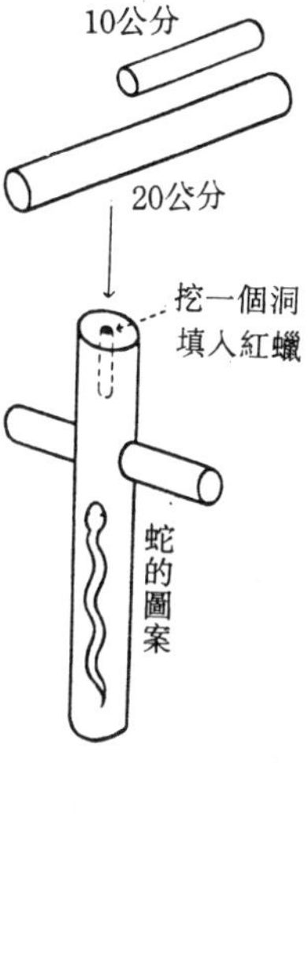

十字蛇劍的避惡咒法

如果你想要避開諸惡，逃出危機，那麼，最好保持内心平靜，借助於十字蛇劍的力量。最好先用木頭製作成藉由紅蠟及蛇的圖案而裝飾起來的蛇劍，經常帶在身上，讓惡意回歸其所發出的地方，將惡放入發出惡意的人心中，如此一來，避惡的目的將可達成。

封鎖有惡意的東西 VI

卍形的咒法

使自以為是的對方判斷力發生偏差。

「在同學之中，無論如何都有獨斷獨行的人，因爲他所說的話是很厲害的、有理論的，所以，最後大家都站在他這一邊。而且，結局是變成我們自己損失了。要從他手中奪回主導權，應該怎麼辦才好呢？」

如此的煩惱，並不僅僅存在於學校，當然也存在於職場之中，或其他團體、機關之中。根據場合，即使是家庭仍不可能被排除於外，也未可知。

像這樣的時候，只要使對方的判斷力發生偏差即可。爲此，首先準備十三張三角形的紙，在這每一張紙上分別寫上三個卍字，在背面正確地記入對方的姓名。在十三張紙上放著小骨頭，加以燃燒。然後，將變成灰的東西裝入土製的罈子、罐子，或是普通的陶器之中，看不見任何東西地密封起來。

如果正有對手與你互相較勁，互别苗頭，爲了奪回你在團體的領導地位，那麼，就要用些咒法使對方的判斷力發生偏差，得不到人們的信任，進而倒向你這一邊，使人們聽從於你的決斷，完全地信賴你。如此一來，卐形的咒法將把你帶向有利的狀況。

*由於咒法是流傳於東歐，因此，其起源可以求諸於中世紀魔法師的特殊集團。

*寫在紙上的文字法，任何顏色都可以。

*罈子或罐子不可以用可從外部看到內部的東西。另外，鐵製的容器並不適合於咒法。

卍形的咒法

如果你有競爭的對手時，而你想要使對方的思考變得遲鈍，那麼，最好在正面畫記三個卍形，背面被寫下對方名字的十三張三角形紙的同時，蒐集化成火焰的骨灰，將此收納於罈子或罐子，放回土裏。卍的意念，將潛入對方的心中，使其判斷力發生偏差，引導出對你而言有利的狀況。

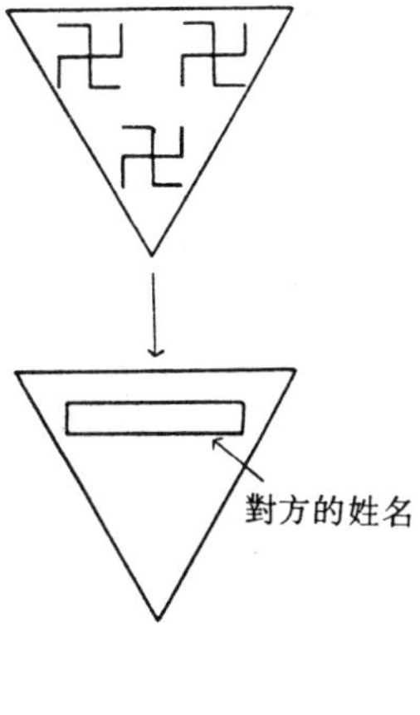

封鎖有惡意的東西 VII

三角獸的詛咒

使別人加諸自己困擾的行為停止下來

毫不在乎地給人加諸困擾，造成棘手的麻煩，留下爛攤子讓人收拾……，這樣的行爲，務必要使其中止才行。然而，若無法明確地說出口，則不夠圓滑，是無論如何人際關係都無法圓滿和諧的原因。再者，透過第三者傳達意思的手法，反而很有可能使問題擴大，與其如此，也許最好是使用更具確實效果的咒法。

準備一張四角形的紙。大小或紙質方面，無論什麼樣的都可以。

其次，在這紙上描繪如圖一般的三角獸圖案。臉部的輪廓及鼻子的部份，用黑色鉛筆等工具描繪，只有眼睛的部位是用紅色描繪。若連這一點也遵守了，則畫得高明、或笨拙都没有關係。只要在其下方書寫希望使對方中止的行爲（比方說，寫上「深夜彈鋼琴」等字句），以及添加對方的姓名，即大功告成了。

就寢時，只要將此一「魔法」放入枕頭底下即可，一直放到效果出現爲止。三角獸應該很快地就會將對你所厭惡的行爲的恐懼心，輸送至對方所在地，使其畏懼惹你不快。中止給人加諸困擾的行爲，不再帶來麻煩，你從此可以高枕無憂，不怕對方扯爛污了。

＊這是一種惡夢的咒法。

＊被施加此咒法的人，在惡夢之中，被煩惱著你的事情所牽絆住，變成可怕的夢魘，或是被煩惱所苦，甚至更進而成爲恐懼感，令你不安。

＊咒法的起源，被認爲是俄羅斯的妖術師。

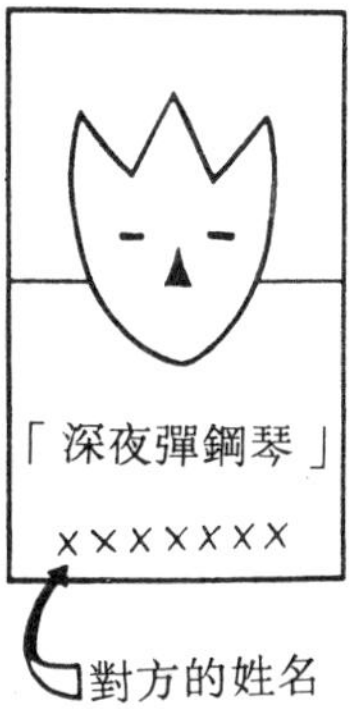

三角獸的詛咒

如果希望使擾亂你內心及生活的平穩者的行爲停止下來，那麼，也許最好是在一張毛皮或紙上描繪三角獸的圖形，在其下方，加畫上使你苦惱的東西及其行爲者，作爲魔符，置於枕下過夜。你的意念之氣，將傳給夜氣，藉由三角獸傳給對方，斷絕苦惱的根源。

畢德賀爾的舌殺咒法

使流言停止下來。

封鎖有惡意的東西・Ⅷ

一旦說出口的話，是無法收回的。這些話語會飛向天空，撒佈於人們之間。如此一來，風聲或流言將從一個人飛向另一個人，來來回回無法抑止，成爲流言根源的人，遭受出人意料、極不合理的麻煩。

然而，若使用咒法，則如此的流言便可停止下來。

將適當大小的紙，剪成舌頭的形狀，將希望使流言停止的人的姓名以全名記入。此時，所使用的筆色是藍色。若散佈流言的人有二人，則可彙總二人的姓名一一書寫，三人的話，則可彙總三人的姓名一一書寫。

其次，準備一根針，將這根針浸泡鹽水，清潔乾淨。

「畢德賀爾・嘉里亞・畢德安爾・嘉拉里亞・畢德賀爾・開布拉爾」

一邊不斷地大聲唸誦如此的咒文，一邊數次將針刺向舌形的紙。

將此一咒法一天都不中斷地持續七天。每一天扎針時只需二、三分鐘即可，第八天的早上，將舌形燒掉。如此一來，散佈流言的人的話

語，將隨著燃燒的舌形煙飛灰滅，永遠地消失。

*所謂的「畢德賀爾」，是惡魔之一。

*一旦有任何一天遺漏了扎刺針子，就必須又再一次從頭開始，也就是說，從製作舌頭圖形重新做起。

*此一咒法，也可使用於自己是流言之源的情況。這時，只要寫上自己的姓名即可。

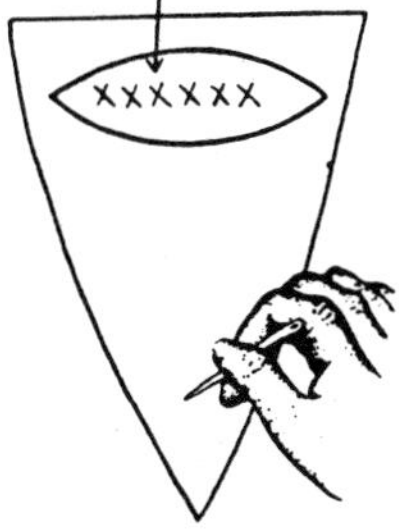

畢德賀爾的舌殺咒法

如果你因與你有關的傳聞或流言而受到苦惱，希望使苦惱停止下來，那麼，也許最好能在舌形的紙上，用藍色寫入成爲流言源頭者的名字，用圓圈將其四周圈起。在大喝一聲之後，將浸泡過鹽水的針拿在右手上，一邊唸誦畢德賀爾的咒文，一邊在七天之間，扎刺這個舌形，第八天將其火化。流言的火星，將會消失。

封鎖有惡意的東西 IX

邪針的妖咒

使蔑視自己的對方懼怕。

曾經交往的異性朋友，永遠糾纏不休，令你大傷腦筋，左右受窘而爲難不已。或是，對單戀的異性沒有意思，已斬釘截鐵地拒絕對方，但對方卻一直要求繼續交往……。

又如，在小學或公司之中輕視你，只要一談什麼便處於敵對關係，像敵對頭似的，各執己見，互不相讓，且對方瞧不起你，感受到一股優越感……，對於這樣的人，讓對方明白你其實是一個令人恐懼的人物之類的事情，即是「邪針的妖咒」。

準備一塊黑布，大約剪成實物大小的左手形狀。

在此手形上，用粉筆或白色油漆等塗料，描入怪蟲的圖案。

將完成的手形以怪蟲作爲內側，一層一層地捲起來，纏繞成一卷，用自己頭髮捆綁好。

一到了夜晚，便對這一卷東西札刺一千零四次。咒文並不需要，但將詛咒對象的一切經常放在腦海裏，是絕對必要的。

還有，用過的咒物必須全都處理掉。

*此一咒法，起源於蘇聯的摩爾達維亞共和國。

*咒法的力量，只達到特定的人身上。

*使用於咒法的手形及針應處理掉，但手形是用燃燒，針則只要埋入地裏即可。

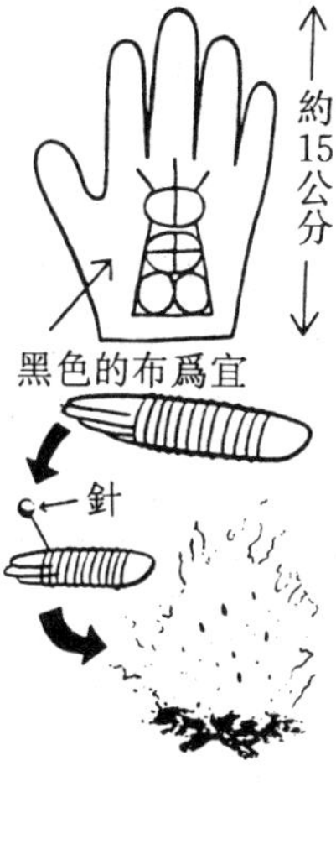

邪針的妖咒　如果你期望成爲對別人而言會懼怕你的存在，或是成爲沒有人曾想要接近你的人，那麼，最好在布製的手形上畫上怪蟲的魔符。然後，用你的頭髮繫縛這個魔符，對想要使其懼怕你的人，一邊默誦，一邊將針扎刺一千零四次。邪針的魔力、怪蟲的妖力，最後終將使你變成沒有人曾想要靠近的人，成爲一個人見人怕的人，遠離你的四周。

秘密的魔符

希望保守過去的秘密

封鎖有惡意的東西 X

過去的事情一被人知道就聲稱不方便、不湊巧，推辭朋友之間的聚會，這是常有之事。甚至對從前的事情三緘其口，一旦很久以前的事情被提出來談論，無論是誰都不會認爲是好事，不會有很好的感受。

如果不希望過去的某一部份被人知道，可以的話希望連自己都忘掉，那麽，最好依賴「秘密的魔符」的力量。據説自古代開始，在西班牙的馬略卡島，如此的咒法即被使用著。

此一魔符，雖如圖一般是非常簡單的東西，但一般認爲，其可靠性很高。

雖材料原本似乎是使用獸皮，但有很長一段期間即使不能使用不會磨破的毛皮也無所謂。無論是布，或是堅硬的紙都可以。不過，一定得使用黑色描繪魔符的圖形。

位於魔符上部的三個圓圈，是吸收過去的磁圓。雖然有時金屬性的垂飾（如耳環等）、吊燈也使用這個圖形，但由於這些東西成爲一種裝飾品，因此其效果令人懷疑。

只要將自己製作的「秘密的魔符」隨時帶在身上，則你的「秘密」將被守護住。

*地中海的馬略卡島，是以蕭邦及喬治桑曾經暫時生活過的地方而聞名於世。

*此一咒法的起源，被認爲可能是由北非的摩爾人所帶來的咒法。

*所謂的「秘密」，在義大利語之中讀作「塞克雷特」，有「秘密」之類的意思。

秘密的魔符

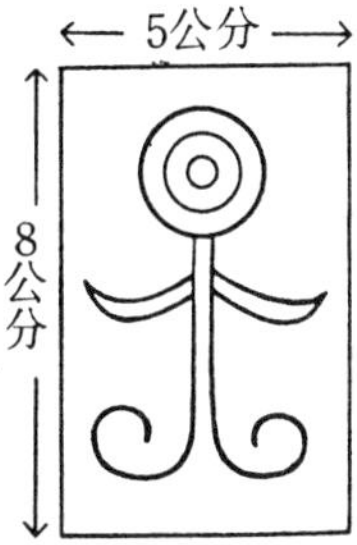

秘密的魔符　如果你由衷地希望過去的事情不被知道，那麼，最好是依賴秘密魔符的力量。

在皮或布上，用黑色寫上的秘密魔符，將不滿意的過去種種事件隱閉起來，宛如深深地隱藏於土中的財寶，不能放在人們知道的地方一般，它將具有永遠不會暴露出來的作用，成爲秘密的守護符。

咒法之七

——以惡制惡

如果你想要返還給予你痛苦的人同等的痛苦的話，那麼，嘗試如下的十大咒法將很不錯。

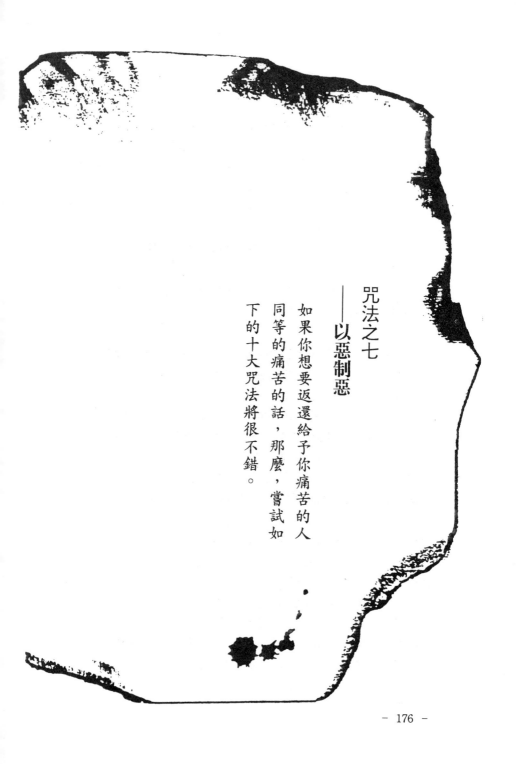

An eye for an eye

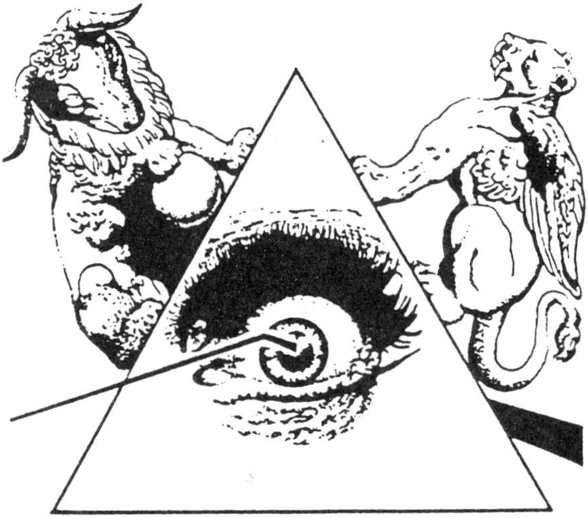

嘉爾帖斯的憎咒

對以不正當手段使你痛苦的對象復仇

以惡制惡 I

所謂的「以眼還眼」、「以牙還牙」，是咒法的基本方法之一。毫無理由地被折磨，錯並不在自己這一邊，但卻……，一旦被置於自己宛如惡人一般的立場，則沒有必要心甘情願地接受此一待遇。對於這種情形，藉由讓對方品嚐同等痛苦的滋味，也能獲得心靈的平安。其中之一，即是此「嘉爾帖斯的憎咒」。

首先，用泥土製作水甕。雖然小一點的水甕也可以，但其表面，若沒有僅容用釘子尖端等東西雕刻進如圖一般嘉爾帖斯的圖形的大小，是不行的。

其次，將希望使對方痛苦的內容寫在紙上。這個時候，也許最好是儘可能具體地書寫。若用細小的字書寫，則即使是小的紙面也應可容納相當的字數。

將此咒文放入甕中，先用泥土封住其入口。

然後，只要在滿月的夜晚，不被任何人看見地將咒文埋在樹根周圍即可。

一般認爲，嘉爾帖斯是半獸半人的小型惡魔。此一惡魔，會聽從主人，亦即你的命令，在夜晚秘密地從甕中掙脱而出，前往對方所在之處，按照寫在紙上的咒文內容實行咒法。

*此一咒法，流傳於法國的布列塔尼一地。

*水甕只要用黏土製作即可。

*放入甕中的紙上面的文字，應用黑色書寫。也先寫上對方的姓名。

*此一咒法，只能在滿月之夜施行。

*埋藏水甕的樹木，什麼種類都可以。

嘉爾帖斯的憎咒

如果你受到不正當的折磨，痛苦萬分，想要對對方復仇，那麼，也許最好用泥土製作水甕，將復仇的心寫在紙上，放入甕中，用泥土將甕口堵塞住！在大喝一聲之後，在滿月之夜、月光之下，埋在樹根附近。嘉爾帖斯的憎咒，藉由此而被應允、批准，對方將品嚐到與你同樣的痛苦滋味。

以惡制惡 Ⅱ

使憎惡的對象處於經濟上的窘境

里加的黑秘符咒術

所謂的使憎惡的對象陷入經濟上的窘境，使其懼怕的咒法，即是此一「里加的黑秘符咒術」。

正如「里加」這個名詞也能瞭解的一樣，據說，此一咒術在曾經成爲蘇聯領土的波羅的海三小國之一，拉脫維亞的里加地方，是中世紀時一直被施行的咒術。

這是一種描繪在黑紙上的奇異秘符。

首先，準備一張黑紙。這張紙必須兩面都是全黑的，若不是如此，將單面是黑色的紙貼在一起也可以。

其次，先將這張黑紙裁成六角形，然後，將如圖般的秘符描入六角形內，但一定要用白色描寫。這種奇異的文字具有對惡魔的帝王，魯西法爾加以召喚的意義，因此，最好不要雜亂潦草地描寫。

至此，咒符雖已完成，但一般認爲，咒法是藉由在某些情況所顯示的事情而發揮效力。然而，它不能親手交給對方，或是寄給對方，否則便沒有效果。唯有你在帶著咒符時，這個魔符才是有效的，所以，你應隨身攜帶，像帶著護身符一樣。

*六角形，是指六角星形而言。
*秘符只要在單面描繪即可。
*魯西法爾，是魔界之王，其權力是絕大的。
*六角形不可以有轉讓別人之類的情形。
*大多數的窘境，都是金錢上的窘境。
*只要再三地給對方看見此一咒法即可。

六角形

黑色

里加的黑秘符咒術

如果你想要使憎惡的敵人面臨痛苦的境地，那麼，只要製作在兩面皆爲黑色的紙上，用白色的書寫文字的六角形即可。因爲六角形的魔力很強，所以也許最好不讓自己所憎惡的對象以外的人看見，嚴密地注意，小心謹愼地收藏好，以免傷及無辜。另外，因爲六角形是神聖的東西，所以不可以將其馬虎草率地處理過。

加里布拉的咒法

使壞心的人們失和

以惡制惡 Ⅲ

只有兩人獨處時，雖然好不容易才能和睦相處，勉强維持顏面，保住表面上的和諧，但是若有三個人，則被認爲以二對一的方式，產生團體的對立。

一看如此的情形，就可以瞭解人也許原本即是對立的動物。

姑且不論這一點，三人之中兩人感情交好而敵視另一人的情形，是常有之事。此時，你一旦居於這個勢單力薄之「另一個人」的立場，則必定產生非常厭惡的感覺。

如果形成敵對關係的原因並不在於你，而確信錯誤在於對方的話，那麼，可以利用「加里布拉的咒法」，使對方兩人失和。

準備二張正三角形的紙（只要是白色的紙張，什麼樣的紙質都可以），在其上面寫入「加里布拉」的咒文。

之後，只要將這二張邪符各寄一張給對方二人即可。不過，不要將你的姓名寫出當作寄件人，將此一邪符當作手，放在兩人之間，不久之後便將形成隔閡，因意見分歧而感情破裂。

製作咒符的地方，應嚴禁被人看見。

＊加里布拉的文字，應一個一個地書寫，不可以連續地書寫。

＊所謂的加里布拉的言語，雖意義不明，但一般認爲，也許是爲了喚出惡靈的言語。

＊此一咒符，認爲對方接觸了，才會產生效果。

加里布拉的咒法

如果你由衷地期望敵視、輕蔑你的人們感情破裂，關係不睦，並且明白其原因不在於你，那麼，只要能製作加里布拉的邪符，將此送給憎惡的對象們即可。

你所憎惡的對象們接觸到邪符時，藉由惡靈的力量，將變成彼此互相不睦。如此一來，你的敵人將自相殘殺、自相毀滅。

可烏溫的魔符

用惡夢使憎惡的對象痛苦不堪

以惡制惡 Ⅳ

可烏溫的魔符，是女巫所使用的咒法中，最具效果的咒法之一，藉由惡夢，使憎惡的對象痛苦不堪，並使用於促使其反省時。

首先，要準備的是醋、油及碟子，以及白色的紙。這張要用透明或沒有摻雜花樣的紙，材質則無論何種皆可。

在白紙上描繪如圖一般的魔符。在外側較大的圓及內側較小的圓之間，畫入十三個記號，而這表示十三名女巫。

據說，此十三名女巫集會的情況稱爲「可烏溫」。再者，可烏溫的魔符，必須一定是用被指定的顏色描繪。在如此完成的魔符上，滴上些許醋及油，在大一點的碟子上燃燒。

此時，只要唸誦「撒旦．撒旦．歐姆西庫．狄尼爾斯．撒旦．撒旦」的咒文即可。

被施加咒文的對象，被惡夢所魘住，糾纏不休，將會反省自我，而未實行此一咒法的人，將會不斷地受到肉體上痛苦的苛責。

＊此一咒法，是丹麥的女巫往昔所使用的咒法。
＊咒文之中的「撒旦」，需語氣特別尖銳地發聲。
＊燃燒盡的魔符，應完全成爲灰燼，拋向空中。

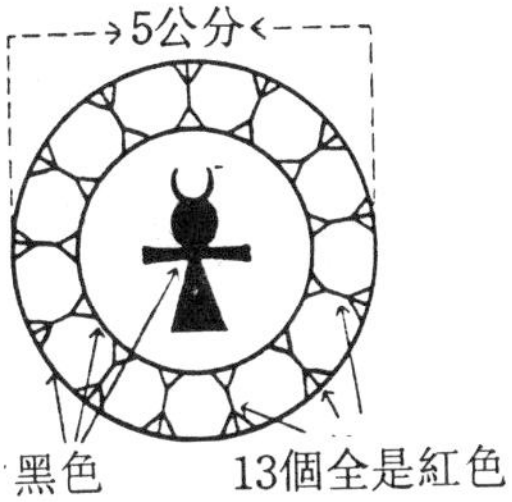

可烏溫的魔符

如果你想要用惡夢使憎惡的對象痛苦，促使其反省，那麼，也許最好借助女巫的力量，製作可烏溫的魔符。

與「撒旦．撒旦．歐姆西庫．狄尼爾斯．撒旦．撒旦」的咒文一同化成火焰的魔符，將變爲惡夢，悄悄地潛入對方的內心深處。

以惡制惡 V

狄摩諾馬尼的奇咒

使背叛自己的人被魔物附身。

這是一種打從心底爲對方著想，卻被其背叛時所使用的可怕咒法。

舉例來說，某位男性的情形是，他發現發自真心鍾愛，甚至已訂下婚約的女朋友，其實與其他的男性交往著，一直在玩弄他的感情，再也無法失去對他的愛的現在，於是想要給予他與自己同樣的痛苦，留意到嘗試此一「狄摩諾馬尼的奇咒」。

這是在德國南部地方，從中世紀即被暗中流傳下來的咒法。

首先，在白紙上描繪如圖一般奇異生物的圖形。在中心，是一個被圓包住的三角形。這些都必須用黑色描繪。然後，在背面先記入對方的姓名。

如此一來，魔符的準備一旦齊全了，便施加咒術。此一咒術，要在半夜裏進行。只要踩住魔符，約五分鐘之間，打從心底詛咒「變成狄摩諾馬尼！」即可。

一般認爲，在七天之間持續不斷地施行，效果便開始產生出來。

受到你詛咒的對象，被魔物所纏住，痛苦不堪而滿地打滾，最壞的情況，是發狂、神智不清。

*狄摩諾馬尼，意味著魔物附身，或是惡魔附身。

*位於魔符之上的動物，是青蛙。

*一般認爲，青蛙是惡魔的差遣小鬼（親信、跑腿）。

*對方會被什麼樣的魔物所纏住，事前並不清楚。

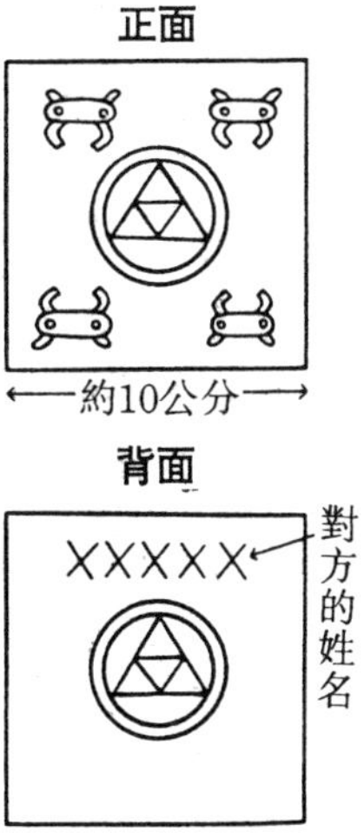

狄摩諾馬尼的奇咒

如果想要給予背叛你的人痛苦，那麼，最好在深夜偷偷地製作狄摩諾馬尼的魔符，七天之間持續不斷地詛咒即可。

由狄摩諾馬尼的魔符出來的差遣小鬼，將前去憎惡的對象的身旁，使魔物附身其上。你內心的痛苦，一定會被返還給對方，使對方痛苦不堪，滿地打滾，呼天搶地地求饒。

二根釘子的亂眼咒法

使邪惡的對方陷入精神錯亂。

以惡制惡 Ⅵ

只舉出別人的缺點，非常嚴厲地批判，嘲弄對方，或是苛待對方，對於自己所憎惡的對象施加强力的咒法。

這樣的人，並不具備普通的神經，是不簡單的人。比方說，因爲嫉妒心理，破壞別人的良緣而暗自竊喜，像這樣的人是很惡劣的，所以，最好使其處於精神錯亂的狀態，而可使人精神錯亂的，即是「二根釘子的亂眼咒法」。

要準備的東西，首先是動物的毛皮。在大多數的咒術之中，買不到毛皮時，可以用紙代替（因爲從前紙是非常昂貴的貴重品，而毛皮反而是一般用品），但是，在此一咒法之中，絶對需要毛皮。因爲用毛皮的碎片即可，所以應很容易取得。

在這張毛皮上，用紅色描繪「二根釘子的邪眼」的圖形。此時，必須統一精神、集中意志，努力於提高所憎惡的對象的詛咒意念。

完成的魔符，只要寄給對方即可（信函上不可以寫上自己的姓名、住所、文章等等）。不過，一被詛咒之對象以外的人看見，就失去效果。

*此一咒法，是中世紀的黑魔術之一。

*咒法僅僅對於一度交往過的某位對象具有效果。

*咒法絶對不可以被別人看見。如果被看見時，那就立刻在此打住，只要一整天之中，間隔時間地再次開始即可。

二根釘子的亂眼咒法　如果你想要憎惡的對象奪走其世間的快樂，那麼，最好用紅色在毛皮上描繪「二根釘子的邪眼」的魔符，寄給對方。被詛咒的人，將精神錯亂，喪失判斷力，最終忘卻自己，被別人輕視。施加詛咒的人，絕不能對別人提及此事。

以惡制惡 VII

死人的手部惡咒

讓人同樣品嚐與自己所受的苦

容許「所憎惡的對象的幸福」，是不合理的。藉由中傷而破壞別人婚姻的人，若自己本身的婚姻未破裂，似乎可以說這個世界是不存正義的。

「死人的手部」這個名詞雖令人害怕，但在此一咒法的發源地西非，也相傳從前真正使用了死人的手。因爲是從墓裏挖掘起來，砍斷雙手，所以即使僅僅如此也是令人毛骨悚然的傳說。

被流傳於歐洲的此一咒法，是以木製的手形取代真正的手。首先，用木板製作左手的模型。在相當於手掌的部份，細雕上羽毛的圖形。然後，在其中，將詛咒對象的全名及出生年月日正確地書寫上去。顏色必須使用黑色。

至於手背上，只要在圖内雕刻上線條式的「死亡印記」即可。

被寄了此一「死人的手部」的人，實際看見這個東西時，咒法就完成了，開始向對方施加詛咒，使對方遭受痛苦，品嚐到與你所受的痛苦相同的痛苦。一般認爲，對方無論如何掙扎，也不可能從此一詛咒之中掙脱而出。

*木製的手形作爲左手的代替品。

*「對方的記號」，意味著對方的正確姓名。

*手掌上的羽毛，是將此手的運送力量加以象徵化，你的詛咒將隨著羽毛運送至對方身上。

*咒法的效果，是帶給對方與你被給予的痛苦同樣的痛苦，頗有「以牙還牙，以眼還眼」的意義。

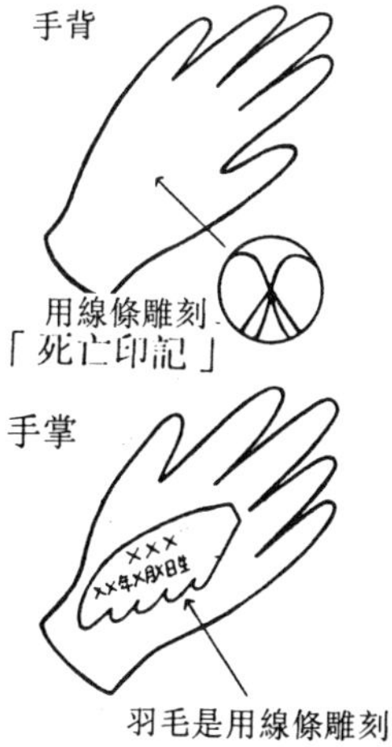

死人的手部惡咒

如果你打從心底想要給予所憎惡的對象與你所受到的同樣的痛苦，那麼，最好在木製的手部模型雕刻「死亡印記」，在羽毛上標記「對方的記號」，避開人們的眼光，寄達對方。「死人的手部」的詛咒，與時間的經過一同展現其力量，對方將受到痛苦的苛責，最後終於覺悟到自己的錯誤。並無任何能避免惡咒的方法。

邪骨之壁的死相咒

即使在家中也被恐懼所折磨

以惡制惡 Ⅷ

對人而言，並沒有像不瞭解真正面目一般的恐怖東西，令人毛骨悚然。由於這樣的恐怖感，使所憎惡的對象陷入不安，這個即是「邪骨之壁的死相咒」。

舉例來說，奪取你的戀人，或是威脅到你的社會地位，對於諸如此類的憎惡對象，只要使用此一咒術即可。在牆壁上，骷髏的影像若隱若現地浮現，在天花板的樹木圖形之中，讓人看見骷髏……，諸如此類令人毛骨悚然的現象顯現出來，對方甚至連在家中也被恐怖感所苛責，感到不安。

首先，取得四隻腳動物膝蓋到下肢的骨骼，也就是所謂的脛骨。

半夜中，一個人靜靜地關在自己的房間裏，在書桌上放置描繪了如圖的「死界的魔符」的紙張，在其中央放上脛骨。然後，只要一直將左手放在脛骨上，唸誦「沙巴・里爾・巴・——塔克・洛姆斯・巴・——古利斯・羅姆努司・巴・——阿古諾斯・洛摩司・巴——」的咒文即可

據說，此一咒法原本在東歐的妖術師之間偷偷地施行著，這種恐怖的咒法約二星期便開始顯現效果。

＊在魔法的中央預先寫入對方的姓名及住所。

＊施行咒法之際，處於蠟燭的微亮光線最爲理想。

＊咒文在「巴——」之處吐出全部的氣，接著再次深深地吸氣、唸誦。

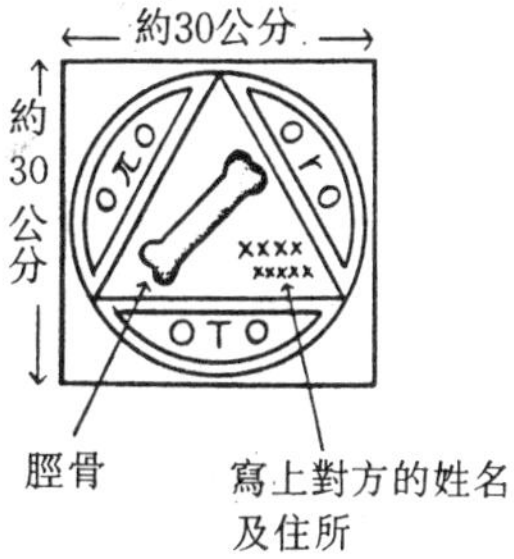

邪骨之壁的死相咒

如果你對於所憎惡的對象想要讓他即使身處其居所也感到不安，那麼，你應該準備四隻腳動物膝蓋以下的脛骨，半夜裏，將這塊脛骨放在「死界的魔符」上，再將左手放置其上，唸誦「沙巴·里爾·巴」這個廣爲人知的咒文，對方的家中將顯現骷髏的影像，給予對方難以忍受的恐怖感。

以惡制惡 IX

使詛咒的對象成性無能者。

羅奇的咒符

此一「羅奇的咒符」，非常地强而有力，藉由此一咒法，被詛咒的對象，耽樂於魔交而不可自拔。所謂的魔交，不消說是與惡魔的性交易。經驗過一次魔交，進入其門道的人，絶對無法從那裏逃出來。據說，魔交時刻本人並不介意於此，縱令與人類交合，那也是根據惡魔的意思及命令的行爲，而事實上，等於不外乎是與惡魔交合。一旦進入魔交階段，便失去正常的「性趣」，很快地只會在性方面成爲無能者。

那麼，要施加此一詛咒，首先必須準備食指的指甲。因此，有必要先稍微留長一點。將指甲包在紙裏，埋於地中，過三天之後再取出，加以燃燒。將些許的灰燼塗在「羅奇的咒符」上，在背面寫入「奔向魔交」。

將此一咒符每天早晚取出來，只要在腦海裏浮現詛咒對象的事情，唸誦「奔向魔交」即可。

「羅奇的咒符」的咒法，在被人看見時不會產生效力。

*此一咒符，是根據塞爾特人的咒術師而來，超過一千年以前即被使用的咒術。

*食指指甲的灰燼，只要少量即可。

*詛咒對方時，一面凝視著此一「羅奇的咒符」，一面進行。

*咒符絕不可以馬馬虎虎地處理掉。

羅奇的咒符

如果你想要使所憎惡的對象失去「性趣」，或是喪失其擁有的能力，那麼，最好是依賴羅奇的力量。

經過三天的埋在地裏，將你的食指指甲化成灰燼，將灰燼塗在「羅奇的咒符」上，只要早、晚重複地默誦詛咒的內容即可。

被詛咒的人，將沈溺於魔交之中，無法自拔。

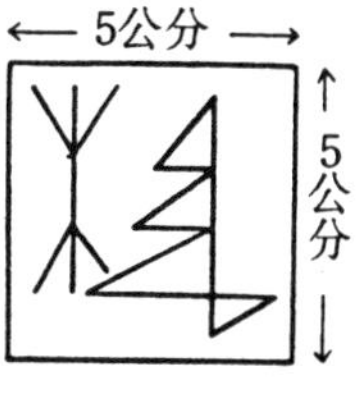

洛姆斯的詛咒

使憎惡的對象被惡靈纏住。

以惡制惡 X

這是使憎惡的對象被惡靈附身，而加以復仇的方法。因爲是使惡靈附身，對暗中憎惡不已而不可告人的對象所施加的詛咒，所以，希望絕不要以輕鬆的心情去施行。

準備一張對方的全身照。如果不可能取得照片，那麼將對方的肖像描繪在紙上也可以，但必須儘可能相似才行。其次，描繪「招靈之輪」，在其中央放置照片。因此，「招靈之輪」理應比照片做得更大。接著，在六根松針塗上松脂，唸誦八十一次如下的咒文。

「洛姆斯．塔利司．歐魯達．阿諾斯．法姆斯．奧沛司．沛迪斯．阿迪斯．賀魯斯．歐魯達．雷德努．伊爾司．伍塞斯．夫累司．波伊絲．歐爾達．哈布絲．曼恩斯．密特司．狄亞絲．巴多斯．塞內斯．歐魯達」。

咒文一旦唸錯了，便必須從頭重做，所以只要慢慢地誦讀即可。最後，將六根松針扎刺在兩眼、兩臂、兩腰上。根據此一流傳於塞爾特地方的咒法，對方會確實地被惡靈纏住。咒符等物品，應全部埋在地裏，加以處理。

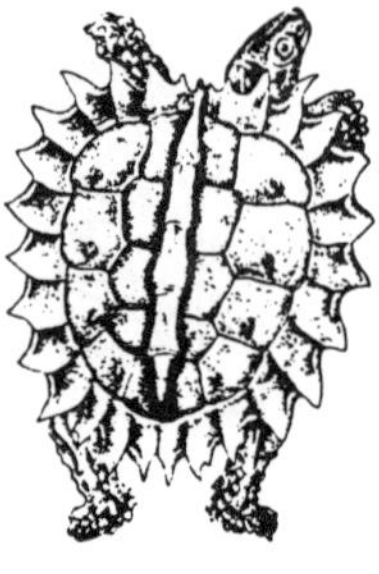

*肖像畫，是指照片而言。因爲從前並無照片，所以便使用圖畫。

*照片必須是全身照，或是至少從膝蓋以上拍攝的照片。

*松脂上只要加入些許的針，則己足夠。

*咒文雖長，但不必背誦起來。

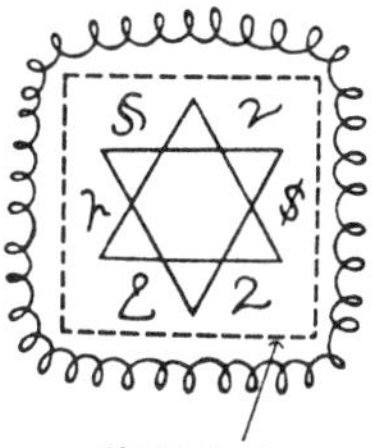

將照片放置此處

洛姆斯的詛咒　如果你希望使憎惡的對象被惡靈附身，那麼，最好尋求對方的肖像畫，放在「招靈之輪」之上，唸誦八十一次洛姆斯的咒文。在大喝一聲之後，用塗抹了松脂的六根松針，札刺肖像畫的兩眼、兩臂、兩腰。被施加詛咒的對象，將被惡靈纏住，其行爲舉止可能將變成異樣的物體。

咒法之八
——女巫們的禱告

如果你希望掙脫不幸的話，那麼，嘗試如下的六大咒法將很不錯。

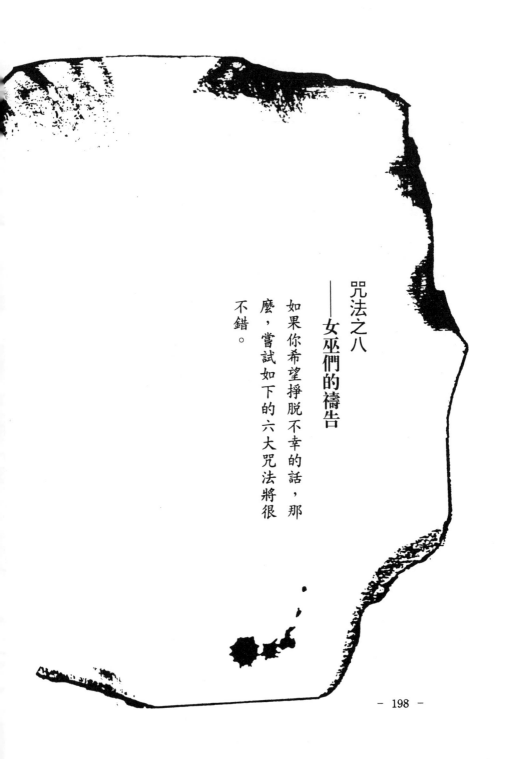

Amulets of witches

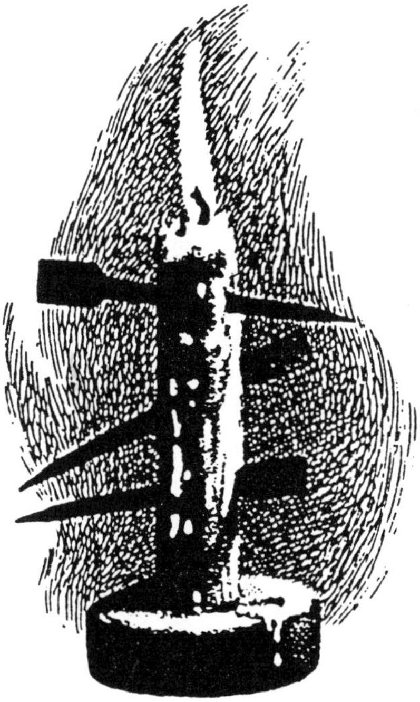

雷古爾的祈願咒

使自己不被不幸糾纏。

女巫們的禱告 1

做什麼事都不順遂，而做成的事完全招致與自己的期待、願望相反的結果……。這樣的時候，據說在北歐有「雷古爾的精靈們騷亂鬧事」的傳聞。在此，介紹鎮定此一「雷古爾的精靈」，平息騷動的咒法。

要準備的東西是一張白紙。首先，先在紙的背面用藍色描繪向右迴轉、遠離中心的漩渦。其次，將紙列成表，唸誦如左記一般的「帕里斯的咒文」。

「帕里斯・利烏斯・德固・夫魯・文賽奇」。

一面不間斷地唸誦咒文，一面用黑色描繪如圖般的奇異記號。

將如此完成的魔符，折成四半，隨時帶在身上。然後，早晚都取出來，專心致志地唸誦「帕里斯的咒文」，只要唸誦數回，則不幸將可離去。

一般認爲，雷古爾的精靈，原本一直在芬蘭的加來里亞地方的人們之間被信仰著，是司掌四季良好節奏的精靈。十六世紀時，爲了將某位熱心的信徒從不幸之中救出來，雷古爾的精靈使自己變身爲霧，傳授了帕里斯的咒文及魔符。

＊描繪魔符的紙張，沒限定紙質，但一定要使用全白的。

＊另外，大小爲長寬十公分見方左右的紙也可以。

＊早晚所唸誦的「帕里斯的咒文」，即使一天怠忽了唸誦，效果就會立刻消失，所以，不要忘了唸誦。

背面

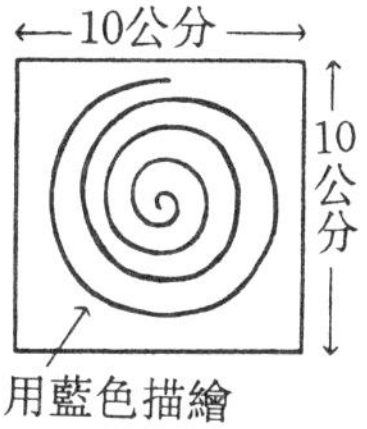

正面

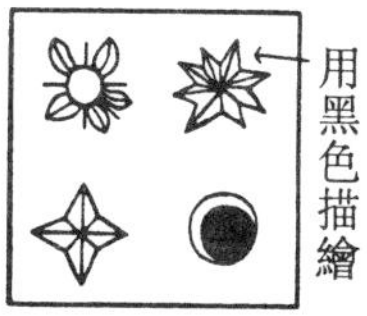

雷古爾的祈願咒

如果你騷擾到雷古爾的精靈，被不幸糾纏的話，那麼，一面唸誦「帕里斯・利烏斯・德固・夫魯・文賽奇」，一面製作「四季的魔符」。在大喝一聲之後，將摺成四半的魔符，攜帶在身上，只要早晚唸誦「帕里斯的咒文」即可。雷古爾的精靈，將平息下來，幸運的一方，將成爲你的夥伴，站在你這一方。

艾特拉的戀愛咒術

與所愛的人身心都結合在一起。

女巫們的禱告 II

所謂的男性，本來即是具有攻擊性的生物。一旦有鍾愛的女性，精神方面當然不用說，希望連對方的肉體方面也成爲己有之物，永遠據有，應是普通的想法。

然而，有時也正好相反。雖在精神上受到十分的鍾愛，但對於無論如何總是不將自己引誘到床上的男性，則希望總得設法使他留意到你。女性從自己這一方直接去誘惑男性也會受到異樣的眼光，因此有所顧忌……。這時，「艾特拉的戀愛咒術」很有效。

此一咒法，是流傳於中南美諸國各地的咒法，使用如圖一般的魔符。

雖然原本此一魔符是描繪於地面的圖形，但描繪於大塊布面或紙面上，放在室內也無妨。放置的時候，按照圖解將東西南北的位置加以對照配合。再者，在中央的空白部份，必須留下大約你能站立的大小的位置。

如此一來，便可站立在魔符的中央，一站上去就朝北膜拜七次，之後唸誦一百次如下的咒文：

「布夫・羅姆・阿迪斯・拉尼・呼達尼・拉奴・洛亞・巴雷・××××」。

將此咒文每天唸誦一次，若持續約一星期左右，那位男性一定會變得積極，你將迎接愛的儀式。

*關於「艾特拉」爲何，並不能確切地明瞭。也許是一種略字。

*魔符的大小，約長寬二公尺左右即可。

*咒文的「……××××」之處，應寫入對方的姓名。

艾特拉的魔符

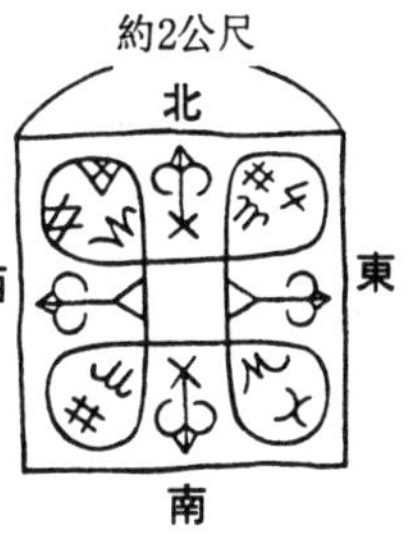

艾特拉的戀愛咒術

如果你希望與所愛的人訂下盟約，那麼，最好用大塊的布面描繪「戀愛的魔符」，對照配合圖解的東西南北的位置而放置。然後，你要站立在魔符的中央，朝向北方，在作七次膜拜之後，唸誦一百次：「布夫・羅姆・阿迪斯・拉尼・呼達尼・拉奴・洛亞・巴雷・×××」。

很快地，你和他將交換愛的盟約。

雛菊招來幸運的咒術

能在每次勝負上變得強勢

女巫們的禱告 Ⅲ

人生是一種競賽，是賭博。在我們的一生之中，會數度被迫作「兩者選一」的抉擇，還得連續投入與別人的競爭。最後獲得勝利的人，笑顏逐開，滿面春風。

但是，人經常具有「希望勝利」的慾望。這一點，從前、今日都未變，潛藏於人的內心深處。當然，爲了贏取勝利，在具備了相當的實力之後，必須召喚幸運。因此，在南歐從很早以前即有一種爲了招來幸運的「雛菊招來幸運的咒術」，在人們之間實施著。

在此一咒法之中，使用了兩朵雛菊。先將第一朵雛菊的花瓣一面數著瓣數，一面一瓣一瓣地拔下，最後一瓣若爲偶數則記錄下○，若爲奇數則記成△。第二朵雛菊，也同樣地摘下花瓣，一旦成爲如下的組合之中的某一個，這對你而言即成爲召喚幸運的唸誦咒文。

○及○（亦即偶數及偶數）——波波

○及△（亦即偶數及奇數）——達魯

△及○（亦即奇數及偶數）——阿普

△及△（亦即奇數及奇數）——羅法

希望召喚幸運時，只要在心中三次强力地唸誦自己的咒文即可。

*雛菊也可以稱爲迪伊吉，開著類似於菊花的小型花朵。有開一重花瓣及八重花瓣的雛菊，咒法上所用爲一重花瓣的雛菊。

*若買不到真正的雛菊，可用紙製作雛菊的模型。不過，此時，不可以一邊數著花瓣的數目一邊製作雛菊的模型。

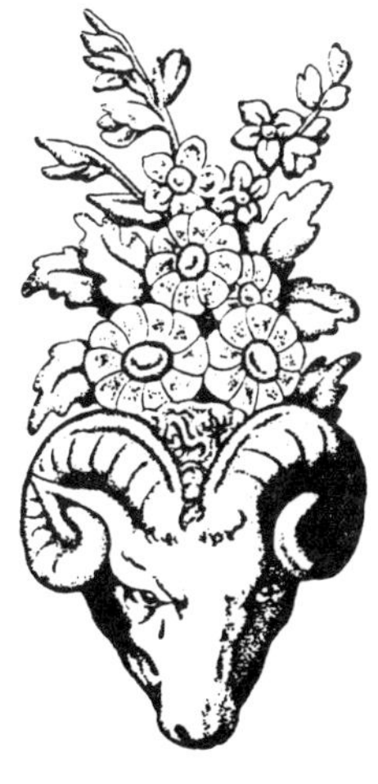

יאחווסחבעי

雛菊招來幸運的咒術　如果你希望在運劫上無往不利，那麼，最好折取二朵雛菊花，一邊一瓣一瓣地數著花瓣的數目，一邊將花瓣拔掉。花瓣的數目，若全都爲偶數，則唸誦「波波」，若爲偶數及奇數，則唸誦「達魯」，若爲奇數及偶數，則唸誦「阿普」，若全都爲奇數，則唸誦「羅法」的咒文，與招喚幸運一同唸誦三次。

使中獎運變佳。

佳爾迪斯的唸咒

在街角購買彩券，或是參加某項抽獎活動……每一個人大概曾有過一次挑戰運氣的賭注經驗。由於是無法預測、不可思議的東西，且聲稱經常中了這樣的獎的人也一定存在著，因此，這樣的人或是僅僅只買一張彩券就中了彩，或是持續中二、三次彩，諸如此類的話題經常耳聞。

那麼，使抽獎一定中彩的這個咒法，很遺憾地，其被知曉的範圍並無限制，幾乎人人可以設法得知，但是，由於有所謂加强中獎運的咒法，因此介紹如下：

首先，在抽獎之前，在左手的手掌上書寫如圖一般的符咒文字。

在持續書寫文字四、五次之中，應該便可明瞭您的心情不斷地鎮靜下來。一般認爲，這是因爲這些文字本身使人的心情穩定沈著，具備了產生出唸力的力量所致。

這是被稱爲「佳爾迪斯的唸咒」的咒法，由於實施這個咒法之後，一抽獎就能集中精神，因此，據說很容易獲得按照自己所期望的結果，如願以償。

當然，也莫忘一邊押獎一邊唸誦著：「請一定要中……。」

*文字應根據箭頭所表示的順序，使用右手的食指書寫。

*「佳爾迪斯的唸咒」，是法國的布列塔尼地方從前即被使用的咒法。

*抽獎時的要領，是莫太過迷惑於要選那一支籤，應僅憑直覺而定。

中獎運變佳

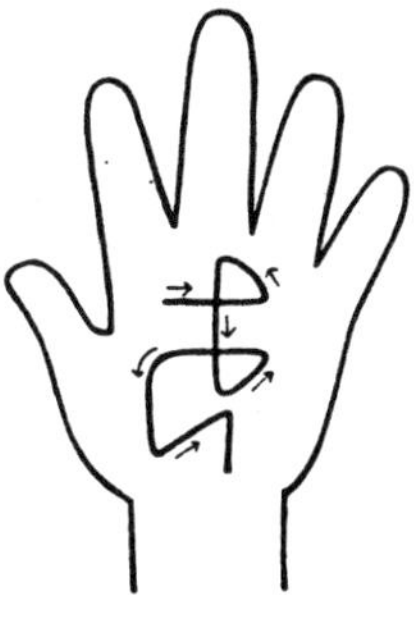

佳爾迪斯的唸咒　如果你想要加強中獎運，那麼，只要在左手的手掌上，用右手的食指書寫五次之多的魔字即可。你的心將鎮靜下來，湧上強力的唸力。若在大喝一聲後抽獎，則一股不可思議的唸力將會把你導向幸運之途。

女巫們的禱告 V

馬斯古羅斯的五星形

在試驗實力的機會上很幸運。

想要試驗自己的實力，卻總是無法抓住那個機會。或是，作了努力，但無法受到周圍人們的肯定……。這樣的時候，只是一直等待機會，也許絶不會變得幸運。首先，應試著行動看看，嘗試向自己本身的極限挑戰。與此同時，只要施行此一招喚幸運的符咒「馬斯古羅斯的五星形」即可。

此一咒法，必須從初一數起的第三天夜晚，也就是在三號有月亮的夜晚進行。

首先，用前端尖銳的棒子在地面上描繪如圖一般的記號。因爲此圖形的中心要有可站上你的部份，所以有必要畫成相當大（大約直徑一公尺）的圖形。另外，五星形的一角必須朝向正北方。

你要先使内心平靜，站在星星的中心，在預先製作好的紙製小型五星形的背面，寫上自己的希望，放在地面的五星形的周圍。然後，只要一邊説著：「馬斯古羅斯的精靈啊，聆聽我的願望！」一邊一心一意地唸誦自己的願望即可。

你的祈禱，將通向天上，很快地使自己的才能開花結果，被賜與再好不過的良機。希望你此時更要果斷地使盡全力，一展長才。

*因爲非得在三號的月夜外出不可，所以，下雨或陰天的夜晚不能施行咒法。

*願望應朝向月亮祈禱，只唸誦一遍即可。

*所謂的「馬斯古羅斯」，是指將你的願望傳達給天上的信使而言。

*此一咒法，是地中海沿岸從中世紀即流傳下來的咒法。

馬斯古羅斯的五星形

如果你希望達成心願，那麼，只要在新月之夜，在大地上描繪星星的魔符，站在其中央，然後，要用紙製作小型的五星形，在其背面附加書寫你的願望，放在大地的五星形附近，對著月亮祈禱「馬斯古羅斯的精靈啊，傾聽我的願望！」即可。你的願望，將傳達給天上，良機將會叩訪！

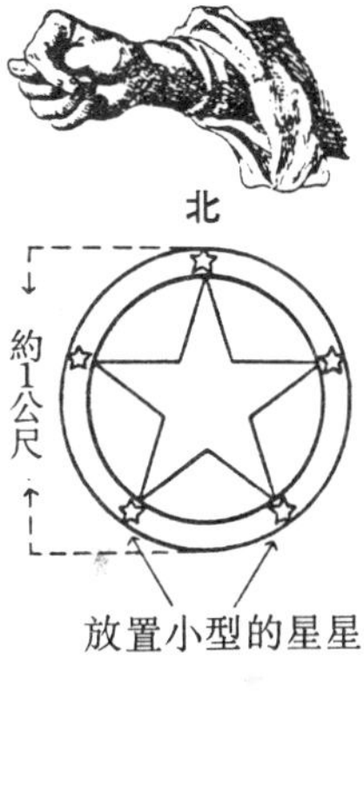

放置小型的星星

法賽露尼的魔符

阻攔惡靈，導向好運

女巫們的禱告 Ⅵ

一般認為，惡事都是持續不斷地接連發生。如果你的周遭及你自身似乎有連續而來的不幸，那麼，就非得斷絕「惡運」不可。

帶來惡運是「惡靈」的所作所為，因此，據說要使惡靈不近身，只要利用此一「法賽露尼的魔符」。如此一來，你的「良靈」應會經常留在身旁，守護著你，為你導向好運。

首先，在紙上描繪「四隻證明的眼睛」，然後，用紅色在中央描入「招靈的咒符」。一般認為，這個位於中央的記號，是將出現於北歐神話的宇宙樹（Iggdrasil）象徵化的記號。只要對著如此完成的咒符「法賽露尼的魔符」，一邊不間斷地唸誦著「法賽露尼・阿爾塔司・羅尼斯・達密修」的咒文，一邊由衷地求助即可。

只要將此一魔符隨時慎重地帶著，惡魔將會被遮蔽。另外，若製作數張魔符貼在家的出入口或窗户上，也可成為家中的驅魔、避邪物。

這是自古即流傳於北歐的魔符。

＊「四隻證明的眼睛」，一定要描繪在全白的紙上。

＊所謂的宇宙樹，是支撐宇宙的大樹，其三根樹根，分別延伸至神的世界（仙宮）（Asgrad）、死者之國（Niflheim）、巨人之國（yozheim）。

＊魔符的大小，約十公分見方即可。

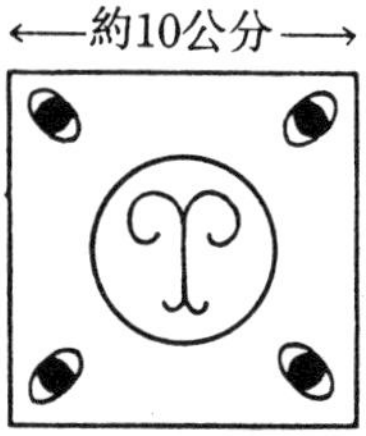

法賽露尼的魔符

法賽露尼的魔符

如果你想要保護身體，避免來自惡靈的災禍，那麼最好先在白紙上描繪「四隻證明的眼睛」。在大喝一聲之後，在其中央用紅色描繪招靈的咒符，一邊不間斷地唸誦「法賽露尼・阿爾塔司・羅尼斯・達密修」，一邊尋求援助。「法賽露尼的魔符」，將阻攔惡靈。

女巫的辭典

惡魔　在自古以來的宗教之中，相對於神聖的事物，它是經常糾纏人們的邪惡事物。將此擬人化，稱爲惡魔。它出現於人們所到之處，無所不在。一般人認爲它可以化身成任何事物。

在中世紀的基督教，雖經常以頭上長角、腳上有利爪的模樣被描繪，但據說這是從古代基督教的牧神之類異端宗教的神祇的形貌而產生的模樣。另外，其身體被認爲非常地寒冷。

在十五、十六世紀時期的德國，有這樣著名的傳說：法烏斯特博士與惡魔梅菲斯特費雷司交換契約，將自己的靈魂出賣，交換而獲得財富、睿智、權力及愛情，這個傳說流傳甚久，至今仍引用。

驅除惡魔　進行祈禱等等，驅除纏住物品、場所或人之類的惡靈，祓禊不祥。也就是驅邪之人、伏魔者所進行的儀式。

尤其是在驅除纏附於人身上的惡魔，應使用清潔的水，及由鹽所製成的聖水及十字架等等，反覆地諗誦祈禱及命令的辭句。這個儀式，一旦除去細心的注意，不謹慎行事，反而會使惡魔附體於驅魔師身上，或是使周遭的人們暴露於危險之中。

安古里巴．柯內利華斯（一四八六～一五三五年）　德國的魔術師、神秘思想學者，學習卡巴拉神秘的學問，以二十四歲的年輕年紀著作了《神秘學》。在此著作之中，他雖主張在施行一切咒術之際，宗教是必要的，但因爲有關宗教的想法、觀念與基督教相距甚遠，差異懸殊，所以被視爲異端份子而受到迫害。

阿札瑞爾　惡魔的一種。原本待在天界，但由於變成雞的形貌，所以也可以降落到人間。

在《埃諾克之書》之中，記載著阿札瑞爾爲墮落天使的「首長」。

安沙路姆　女巫所持有的物品之一，是一種黑柄的兩刃短劍，被使用於展現女巫的權力、儀式之際。

惡魔阿札瑞爾

阿斯塔洛特　惡魔之一。以強大的君主，化身爲木匠。特別是有透視的能力，如果向其探詢，那麼他就會把上從永遠的過去，下至永遠的未來，各被埋藏掩蓋的事情，毫不隱諱地告訴人。

阿斯莫迪華斯　出現於猶太人的民間信仰的惡靈。從聖經外傳的「杜比特記」產生的典故。描寫莎拉及七個丈丈相繼於結婚典禮當夜被殺害的故事。這是因爲，惡魔阿斯莫迪華斯在愛莎拉之餘，受到嫉妒心的驅使，爲了讓初夜圓滿地完成而使出手段的緣故。莎拉的第八任丈夫名叫杜比亞斯，由於莎拉的意圖，他在新婚初夜烹調肝及魚的心臟給大天使拉法埃爾吃，因爲煙及臭味，惡魔逃脫而出——這是一般所知道的故事。

在拉丁諸國，一般認爲，從初夜算起三天之間的性交應被禁止。杜比亞斯遵從此一忠告，所以能得以順利地結婚。

阿斯莫迪華斯雖逃出埃及，但大天使在此處被逮捕，關入監獄。

阿布拉卡達普拉　在現代的魔法之中，最常被唸誦的咒文，在紀元二世紀羅馬帝國的醫師所著的書裏，即記載著：「在護身的避邪物上刻上這個句子，九天之間纏繞著脖子，接著若向著東方、背對著對準水中投下，則高燒便可治癒。」這是其出處。

據說，只要唸誦這個名字，一般相信能獲得超越惡魔的力量。

另外，也有說法是，這個名字是從希伯來語的阿普雷庫·惡德·阿布拉（讓死亡籠

A B R A C A D A B R A
B R A C A D A B R A
R A C A D A B R A
A C A D A B R A
C A D A B R A
A D A B R A
D A B R A
A B R A
B R A
R A
A

阿布拉卡達普拉的咒文

罩於雷電之意）而來的名詞，或是源自太陽神阿波拉卡斯的名詞。

犧牲品　在女巫洗禮的儀式之前，將活生生的東西奉獻給惡魔作爲供品。普通是以黑色的動物居多，尤其是牝雞、小牛等等，最常被使用，但有時剛剛出生的小嬰兒等活生生的生命也被奉獻出來，成了犧牲品。

英克布斯　淫夢的惡魔。出現於女性的夢中，進行魔交。雖然原本是天使，但據說因爲對人間的女性具有過度的興趣，過於關心，所以被墮入地獄。

祖母綠匾額　一般認爲是記載了有關錬金的原理秘法的木板。據說被埋葬於埃及的大金字塔的坑道之中，位於使海爾梅斯的木乃伊的掌中。

它敘述了創造萬物的唯一東西，以及與太陽、月、風、大地、火等自然界的關係的簡短、難解的銘文，在歐洲的錬金術師之間廣爲流傳，成爲人手一冊的「教科書」。

歐哈羅茲前夕　被稱爲縮小的萬聖節。指萬聖節前夕的節日而言，在古代塞爾特的曆法之中，是十月的最後一夜。哈羅茲在古語之中意味著聖人，歐哈羅茲前夕，與對古代死亡的恐怖相結合，是基督教的節日之一。然而，這一夜原本是女巫們通宵達旦的夜晚。

以往這一夜被視爲分離的靈魂拜訪前世所居住的家的日子，因此，爲了他們需準備火、食物、飲料等等。

神秘學　紀元九世紀時，因拉比（猶太的法學博士、法律學者）們而被建立起來的神秘哲學。他們將以摩西五書爲開端的古代聖典，看作使用一種暗號而寫下，想要解開其隱藏的意義，瞭解宇宙的秘密。也稱爲卡巴拉神秘學。

以卡巴拉神秘學爲中心的兩本書，是《創造之書》及《光輝之書》，由於一般人認爲如此，若根據這兩書的說法，則認爲宇宙是神的一個形式，藉由從永遠之神被解放的十種創造力，世界被構成。這十種的創造力數目，稱爲賽費羅特（賽費羅特之樹＝生命之樹）。

卡巴拉神秘學的專家們，在解讀希伯來的聖典上，將辭句代換爲數值的符號，或是將所有的辭句看作略字，使用根據數個字母而構成一句的諸塔里康方法，但一般認爲，著名的護符及咒文使用了這種方法。

舉例來說，經常畫記於魔法之圓裏的Agla 名詞，是集合了Atha Gilor Leolam Adnai（噢，主喲，你是永遠强大的）這個句子的單字字母而創造出來的。

卡巴拉神秘學的思想，在形形色色的秘密結社的教義體系之中，即使現在仍被繼承下來，廣爲流傳。

賽費羅特之樹

卡利奧斯特洛伯爵·阿雷撒德羅（一七四三～九五年） 出生於義大利的著名妖術師。他自稱爲「偉大的科普特人（埃及土人），傳授教育訓練埃及的共濟會秘密儀式。他巡迴周遊於歐洲之中，從貴族或王室相關人士身上獲取龐大的金錢，是一個卑劣的騙徒，但一般認爲，他的心靈治療其實是相當有效的。他也使用數字秘學，作結婚時期最適合的日期之類的預言。

之後，他被逮捕送入宗教裁判所，在獄中死去。

諾斯替教派　產生於埃及的衆多教義及宗教的混合主義，講求靈知、神秘的直覺，也稱爲唯理教派。所謂神的啓示及智慧，並非僅是某一特定的民族，應可在所有國家的一切人民之間被領悟．另外，「在所有信仰的真理之中最偉大的真理是基督教」這個信念的根源，也廣泛地普及於人民之間。使用了許多採用古代埃及咒術之要素的咒文。

諾斯替護符

固里蒙渥爾　指記述有關魔法的咒文及儀式的做法的入門書而言。雖然歷經十六世紀至十八世紀，出版了許多，但那些書本幾乎都是手抄本。

《所羅門的鑰匙》，是其中代表性的一本。

吸血鬼　Vampire。即使成爲屍體仍不停地在地上走來走去的一種妖怪，因此，吸人的血成爲必要的動作，常吸睡眠中的人血，也有傳說是連被咬到的人也成爲吸血鬼。

以羅馬尼亞的特蘭西瓦尼亞地方爲舞台背景的小說《德拉裘萊》雖很有名，但吸血鬼的信仰，甚至也流傳於古代的巴比倫人之間，除此之外，在中國及土耳其等國也有傳說，據說在屍體被埋葬之前讓貓跨越或是讓鳥飛行其上，這具屍體就會變成吸血鬼。

另外，吸血鬼扮成蝙蝠的樣子而吸血的傳說，原本在任何地方都找不到，一般認爲大概是人們將吸動物的血的吸血鬼與蝙蝠混淆了吧。

克羅華里・亞雷斯達（一八七五～一九四七年） 英國的惡魔主義者。一九〇七年，設立了名爲A：A（銀星）的魔術結社，意圖使古代異端宗教的諸神復活，以在「黃金的黎明」所學習的儀式爲根本，施行各式各樣的黑魔術。

他又透過自己的守護天使，傾聽埃及的太陽神荷路斯的聲音，將這些啓示及智慧作爲《法之書》，這本敘述了「當奴隸的宗教的時代終結，人類本身不久將成爲神的時代來臨了」晦澀難解至極的書，在魔術史上受到很高的評價。

黑咒術 懷有邪惡的意圖而施行的咒術。做法有兩種：一種是與惡魔締結契約，只在某一時期借用其力量，但必須以自己的靈魂作交換。另一種則是，藉由儀式召喚出惡魔或邪惡的精靈，命令這些惡魔或精靈做某些事情。

舉例來說，僅僅爲了自己的利益，便可

殺人或加害於人，以及使人陷入災禍之中的「邪眼」，得到此一「第三隻眼睛」，雖是黑咒術的「法力」，但在對抗陰謀或邪惡的法術上，仰賴如此破壞性的咒術時，嚴格而言，不能說是黑咒術。也就是說，「邪眼」的「法力」雖來自於黑咒術，但要對抗危機時，就不能仰賴如此具有破壞性的咒術，否則便稱不上黑咒術。

黑彌撒　背反天主教的禮拜儀式的咒術儀式。將十字架反過來豎立而冒瀆之，或是逆讀主的祈禱，讚美惡魔。主要是從咒術開始衰退、傳統的女巫集會儀式幾乎都不再舉行的十八世紀起才盛行起來。

賢者之石　被認爲是鍊金術師鍊金時變成金屬所必要的神聖物質。被以各種名稱稱呼，例如賢者的粉末、偉大的鍊金藥、第五元素。

這種物質，有人稱爲暗紅色的固體物質，也有人形容爲閃閃發光的黃色物質。據說，只要鉛的溶解液裏，加入極其少量的粉末，轉瞬之間，便可變成純金。另外，也認爲是可以治療一切疾病，甚至能延長壽命的萬能藥。

可烏文　指女巫的集會而言。通常，由十三個女巫組織成一個團體，展開活動，但可烏文是爲了使女巫的靈力集中而開的集會。

舉行拉曳下月亮的儀式（可烏文的領導者、女司祭爲了將女神的力量拉進自己內在而舉行的儀式）、舞蹈、瞑想等儀式。

香油　添加了香味的液體狀油，女巫們將此塗抹全身，連法器也塗抹了，再飛向天空。

其成分爲各種物質，據說是取下小孩的脂肪去煮，在煮乾的東西裏加入去冑草等藥草，或是顛茄等植物。

護符　指藉由攜帶可獲得神秘的力量，或可去除危害的精靈像等物品而言。根據不同的目的，分成三種：一種是Amulet（從使人發生事故或生病、別人的惡意等困境守護自己），另一種是Talisman（視人想要企求什麼樣的事情，而經常帶來幸運），另外是Charm（具有給予別人影響，使其遵從自己的命令的物品）。

高布林　精靈的一種，但並不是有像妖精、仙女一般的臉孔，而是不和悅的臉孔。樣子不好看，潛藏於地下，一個勁兒地努力工作——一般都認爲如此。在德國稱爲可波特，在斯堪地納維亞則稱爲特羅爾。布奇曼、巴嘉布等名稱，也是高布林的一種。

金屬的名稱鈷（Cobalt），是因與可波特有關而命名，其名稱的來源即是可波特。

黃金的黎明　一八八八年，在英國薔薇十字會的博士，獲得兩位會員及女性咒術師的協助而創設的秘密結社。

以當時的一流知識份子爲開端，衆多人們聚集而來，結合在一起，舉行咒術儀式。另外，會員之一S・L・馬固雷加・麥札斯創設了名爲「黃金的黎明命理」的獨特算命專用紙牌。

葛累姆　在猶太神話之中爲有生命的假人之意，意味著無形的物質的名詞。指十六世紀卡巴拉神秘學研究者借《創造之書》之助而創造的人造人類而言。據說，在這個用黏土製造完成的人像額頭上，寫上神的秘密名字，就可被灌注生命，成爲有生命的假人。

撒旦　指魔王而言。在舊約聖經的「約伯記」之中，第一次記載這個名字的時間，是服侍神的天使之一，擔負將人類的行動告訴神的任務，但因爲反叛了全能的神，所以成爲被視爲由天界墮落人間的惡魔。在希臘語之中，稱爲惡魔（Diabolos）。

主日夜宴　指女巫們聚集起來而展開鋪陳的夜宴而言，以在星期三及星期五的夜晚舉行者居多。

在主日夜宴上，全憑惡魔之意舉行女巫洗禮儀式，或是擺出加入包括了葡萄酒、麵包、青蛙等食物的燉煮菜肴。然後，在夜宴的最高潮，女巫們瘋狂地舞踊著，與惡魔做愛，直到天亮爲止，持續不斷地濫交姦淫。

召開主日夜宴的場所，雖視地方而定，但無論如何其旁邊必有古代的巨石群。另外，有小型的集會時，在其地點使用了碾磨小屋的高塔，這些小屋被稱爲女巫的碾磨小屋。

女巫的狂歡夜宴

沙恩・傑魯瑪伯爵　在何時、何處出生、究竟爲何人都不爲人知的謎樣人物。擁有「進行奇蹟的男人」的別稱。約從一七四八年開始，他便在法國的宮廷行使其權威，非但任何人都不知道其真正面目，而且據說他竟持續生存了一世紀以上，但從四十五歲開始便完全不長年紀。還有，他自稱發現了長生不老之藥。

他會說所有的語言，具有鍊金術的知識，另外，也是卓越優秀的小提琴家。若根據卡里歐斯特羅的《回憶錄》的說法，據稱他在德國創始了共濟會。

他潛心於神秘學的研究，十分熱衷，留下了各種各樣謎語般的暗示及預言。

沙恩傑魯特伯爵

鹽　被認爲具有驅除惡魔的力量的女巫們，避免碰這種調味料。連在夜宴上擺出來的食物（麵包、人造奶油、肉類）等等，也完全不添加鹹味。

直至最近，據說在英國仍有地方有一種風俗習慣，是在剛剛出生的小嬰兒的床腳邊，放置鐵（一般認爲具有驅魔避邪的效果）或鹽。

這是爲了不使出生不久的小嬰兒被惡魔攫取奪走之類的事故發生，或是不致遭遇孩子被換掉的一種符咒。

洋地黃貳　歐洲原產的藥草。在一公尺左右高度的莖桿上生長著圓形的葉子，夏天開出許多吊鐘狀的花朵。

在女巫所使用的秘藥之中，洋地黃貳的葉子經常被使用。在曬乾的洋地黃貳葉上，具有强心作用（使心臟的肌肉發揮作用，加强擴張與收縮），即使在現代，仍被當作心臟藥來使用，但由於具有猛毒，因此一般認爲外行人飲用十分危險。

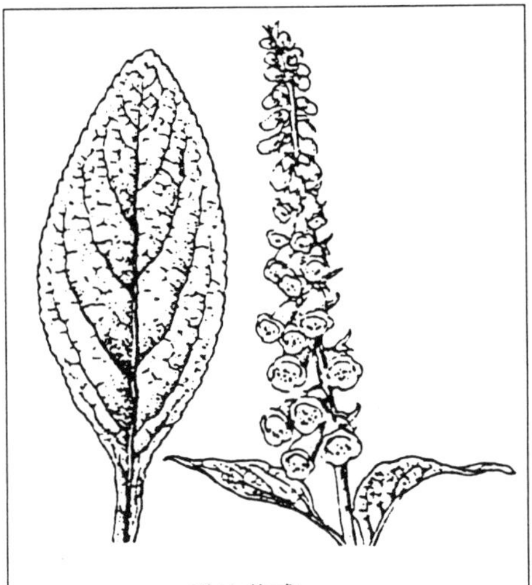

洋地黃貳

邪眼　在古代，廣泛地被相信人會因某種人們的眼光而造成凶兆及毀滅。一般認爲，人類、財產、動物、穀物及所有一切的不幸，全都是因這種邪眼的緣故。

　爲了從邪眼逃開，避免災禍，在各國都擬出各種各樣的方法。英國是將人肉般氣味强烈的東西帶在身上，或是撒鹽。另外，穿著紅色的洋裝。在中東，一般認爲藍色同樣是保護身體不受來自惡魔禍害的顏色。

　還有，做成魚形的護身符，特別是在猶太教受到喜愛，一般認爲效果卓著。原因是，海底是視線看不到的地方，且魚類所產的大量魚卵，也是多產的象徵。

　在南義大利，一般認爲，以人類的生殖器官爲模型的東西具有避開邪眼的效果，以男性性器官爲模型的塑膠製護身符，即使在現在這個時代，仍被深信不疑。

白咒術　懷有善良的意圖而實施的咒術。主要是對疾病的治療、戀愛的開花結果、多產的促進之類事情有所助益。

古代的咒術師們，雖只施行白咒術，但據說，後來逐漸也爲了自己的利益，而去施行給予別人邪惡禍害的黑咒術。

白咒術的入門書之中，可以看到據稱一旦使用於求愛時，便具有效果的藥物製作方法等等。

吉恩 靈魔，伊斯蘭教傳說中的神靈鬼怪。在伊斯蘭教，被視爲與人類同一階層，受到平等的待遇，附著於靈體，據說自亞當被創造之前開始即存在著。

變換多種多樣的顏色，據說，凡間的吉恩是黑色的，而居於雲及海的吉恩，則是白色的，天空的吉恩是綠色的，居於火及夕陽的吉恩是黃色的。採取人類及動物的形貌，尤其是昆蟲或蠍子，感覺像是令人驚懼一般的模樣，十分駭人。再者，由於喜好躲在暗處，因此，阿拉伯的孩子們，一到了黃昏就進入家中，以免被誘拐綁走。

吉恩使人看見幻影，或以弓箭造成疾病或某種流行。甚至有人說，喜愛殺人者、女巫等人的血腥味。

吉恩的起源，被認爲是自然靈的一種。

史威典波爾古、艾瑪紐埃爾（一六八八～一七七二年） 以瑞典的基督教神秘主義者、科學家、數學家的身份而活躍，另一方面，致力於靈魂的研究。

據說，史威典波爾古本身具有靈力，可以在夢幻及幻覺的情境之中行走出入於靈界，且也能透視遠方所發生的大小事情，一切均逃不過其法眼。

若根據史威典波爾古的說法，靈界之中也有山、海及樹木，靈體各自擁有形體，氣味相投的人，成爲「同志」聚集在一起，共同生活著。

另外，他在自己的著作之中，詳細敘述了在宇宙之中除了有許多太陽系之外，還有其他行星的人存在。

史威典波爾古

史庫布斯　淫夢的女惡魔。相對於英克布斯爲現身於女性夢中的惡夢，出現於男性的夢中。由於原本是名爲莉莉絲的詭異魔鬼，因此額頭中央擁有女性的性器官。據說，一旦被它相中了，任何男性都無所遁逃、束手無策，只能乖乖地就範。

英克布斯也同樣能自由自在地變化各種形貌，有如魔術一般。據說，成爲史庫布斯的俘虜的男性，會逐漸被奪去精力。

占星術　希臘的語源裡Astrology，意思是「解讀星星的語言文字」。顧名思義，即根據行星的動態而預言未來的方法。據說，這是紀元前三千年左右，在美索不達米亞起源的一種占卜術。

被稱爲黃道十二宮的十二個星座，在自己希望知道的未來某一時刻是處於什麼位置?在十二星座之中進入哪一個位置?藉由這些便可預測屆時所發生的事情。

從美索不達米亞流傳至埃及、印度、中國等地的占星術，起初僅僅使用於占卜國家的命運，或農耕的豐收與否等社會性的問題，但希臘的占星術師第一次製作畫記個人出生時刻天體位置的圖表，也就是標示天宮位置的天宮圖，甚至連占卜個人未來的占星術，也普及於一般人。

在歷史上著名的君王或政治家等人物之中，也可看見占星術相當程度上左右他們行動的例子。舉例而言，據說，納粹德國的希特勒在發出政治的行動之前，一定會仰仗經常雇用的占星術師們的建言，請求給予指示。然而，逐漸地變成只接受對納粹有利的解釋，意圖傳達真實的占星術師們，全都被送到強制收容所。其結果，不消說納粹當然是滅亡了。

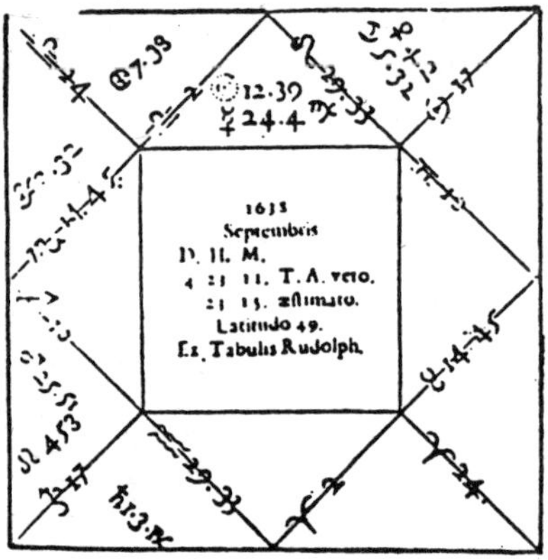

古代的天宮圖

瑣羅亞德教　紀元前六世紀，因波斯的預言家瑣羅亞德而創始的宗教，闡述的教義是：善良之神、光明王子亞夫拉・馬茲達與黑暗王子阿里曼己平分了宇宙，兩人各據一方支配了天下，人可憑著努力而打破罪惡。

由於崇拜馬茲達神的象徵——太陽、星

星、火，因此在中國被稱爲拜火教。

在阿里曼麾下的六名大惡魔之中，艾修瑪・達埃維在歐洲也以亞斯塔烏斯這個名字的惡魔身份，而廣爲人知。

所羅王的鑰匙　記載著關於召喚惡魔的咒文或咒符的咒術書。一般認爲，以與地獄聯繫負責人員而聞名的所羅門王（前九七一前後～前九三二年前後）記述了這些內容。在衆多咒術師之間，以各種各樣的版本流傳著。

另外，這些咒文是以羅馬字書寫的希伯來文。

咒術師們站立於魔法之圓的中央，拿著「哈吉巴米」的樹枝召喚惡魔，但據說，唸誦如下的所羅門王鑰匙的咒文，惡魔就無法抵抗，任由擺佈。

〈阿古倫・帖塔古拉姆・維伊克奧・史迪姆拉馬束・艾洛哈雷斯・萊特拉古沙馬束・庫利歐蘭・伊基奧・艾西迪奧，艾克西斯迪恩・埃里歐那・歐内拉・艾拉信・蒙恩・美非亞斯・索帖爾・埃姆瑪努艾爾・沙巴歐特・惡德麥〉

達瓦吉古　爲了發現水脈或礦脈等天然資源，使用弄成兩半的木頭占卜棒子。據說，出現於舊約聖經的莫卓，將手杖豎立於大地之上，指示水源的所在之處。

弄成兩截的占卜棒子（達瓦吉古棒），只要用兩手握住兩端步行，走到有地下水脈或礦脈的地方，棒子就會上下振動，或是向前後左右搖動，告知這些自然資源的所在之處。這種占卜的棒子是呈L字型的棒子，或是金屬製的棒子，也使用振擺等工具。即使是現在，日本的水道局裏要在没有配管圖的地區發現水道管，仍使用人字型、金屬製的達瓦吉古棒。

達瓦吉古棒

達洛特　使用紙牌占卜運勢的一種占卜術，紙牌全部有七十八張，構成社會的人物及所有事件在此處被賦予象徵意義。

　這些紙牌上，是由二十二張描繪著咒術師、法皇、戀人等人物的圖畫牌子，以及五十六張被分成劍（表示貴族）、聖杯（僧侶）、棒子（農民）、金幣（商人）的四組數字牌子所組成，前者稱爲大阿魯卡納，後者稱爲小阿魯卡納。

（這種小阿魯卡納紙牌，是最後逐漸大衆化的王牌的起源）

　達洛特的原畫，是將作爲埃及神殿壁畫而被描摹的叨忒（月及文化教育之神）的秘法（阿魯卡納），一一寫在紙牌上，一般認

達洛特紙牌

爲由於異教迫害而離開當地的司祭們，寫在七十八張紙牌上的東西，即是達洛特。

之後，由於成爲流浪者的他們，達洛特雖散佈於整個歐洲，但其命中率之高，以及與神秘學及占星術都有關聯的神秘性，直到現在爲止，仍一直受到人們的愛用。

差遣小鬼　扮成女巫當作小嘍嘍而使喚的小動物模樣的小惡魔，也稱爲親信、心腹。

小惡魔多半是扮成貓、狗、老鼠、蟾蜍等小動物的形貌，據說這些小惡魔們，不再擔任跑腿的任務，或是充當咒術的幫手，取而代之接受女巫的豢養。最後，當中世紀狩獵女巫活動展開時，作爲讓差遣小鬼吸牛奶或血液的證據，剩餘的乳頭、蠹魚、蝨子等被噬食的痕跡等等，被舉證出來。

另外，差遣小鬼被命上奇怪的渾名，諸如醋湯姆、黑色的罪人之類的名字，在舊記錄之中常見到。

狄伊・約翰（一五二〇～一六〇八年）　英國的咒術師、哲學家。原本爲數學博士，且也精通占星術、卡巴拉神秘學的教義等。

雖是溫厚的紳士，但因聽信花語巧語而被雇用來作爲神祕學研究的弟子的愛爾蘭人艾德華・凱里所欺騙，不知不覺地兩人結成一夥聯合施行騙人的咒術，過著四處行騙，從貴族們身上捲款的荒唐生活，成爲巧取豪奪的騙子。

然而，由於在神聖羅馬帝國受到教會當局的追捕，因此狄伊博士逃回英國，一邊擔任占卜師，一邊受到人們的輕蔑。據說，他最後即是如此結束其一生。另外，同夥的凱里在德國被捕，在逃亡時失敗而死亡。

桌子旋轉術　數人一旦將手放在桌子上，桌子就會自然地活動起來，且傾斜於一邊，這種現象屬於心靈上的現象，將桌子的動向加以符號化，意圖讀取其中訊息的東西，即爲桌子旋轉術。

特利加布朵　毒草的一種。高約一公尺左右，在手掌狀的枝條上生長著一分爲三的葉子，秋天開出靛色的花。曬乾呈塊根的特利加布朵具有劇毒，但成爲神經痛或風濕病的鎮痛藥。

女巫將特利加布朵摻混在春藥之中，或是加入飛翔於空中時所塗抹的香油之中，諸如此類，經常利用這種毒藥，以遂目的。

德落伊教　在羅馬時代布列登、愛爾蘭的塞爾特民族之間所施行的咒術性宗教。德落伊，是其創始者的名字，德落伊本身是一位僧侶。

相信靈魂不滅、輪迴及轉世之說，主張死神爲世界的主宰者。占星術、醫術、妖術等等，被此教熱烈地實施而盛極一時。除了白牡牛之外，還有呈獻人類作爲犧牲品的習慣。

另外，將橡樹的樹木及其果實、槲寄生視爲神聖的象徵，除了在橡樹林舉行禮拜之外，也將長著犄角的動物當作偶像而加以崇拜。

諾斯特拉達姆斯、密歇爾・德（一五〇三～一五六六年）　法國的預言家、占星術師。原本爲醫師，也曾致力於鼠疫的撲滅。

在各地輾轉遷徙之後，落腳於沙倫・布羅瓦斯而安居下來，著作了《諸世紀》這本至今仍無人不知、無人不曉的著名預言集。

此書晦澀難解，在以暗示性的四行詩寫作的這本預言集中，諾斯特拉達姆斯非常高明地預測到國王安里二世的死亡、法國大革命、希特勒的出現等事情，除此之外，關於人類的未來，也略微透露了玄機，暗示道：「一九九九年的七月，從天而降的恐怖魔王……」人類恐有核子戰爭而滅亡之虞。

巴拉凱爾斯司（一四九三～一五四一年）

據說，本名爲菲力浦・奧雷斯魯司・狄歐夫拉斯頓・波巴斯特司・風・何赫哈伊姆，但與羅馬的醫師凱魯斯司有所關聯，自稱是巴拉凱魯斯司。

他出生於德國，自孩提時候起，即憧憬於發現「賢者之石」。之後成爲醫師，周遊於歐洲各地，也創立出名爲「魔法醫學」的醫術。

基於「人類是大自然之中的小宇宙」的想法，主張爲了要擁有健康的身體，首先有必要與自然調和。然後，由錬金術的研究，將礦物應用於疾病的治療上。

舉例來說，以水銀治療梅毒，也開出貴重礦石類的粉末爲處方，挽救了因赤痢而處於瀕死狀態的人。

他另外還在其著作之中闡述萬物融化液的重要性。若根據此書的說法，宇宙靈阿魯卡黑斯特是强化肝臟、防止一切疾病的關鍵。在人類這個小宇宙之中，有著各種各樣的宇宙靈，扮演了幫助消化及呼吸的角色。由於這樣的宇宙靈含有許多礦物，因此，認爲抽出這些靈素應可作爲醫藥品而輸入人體。這種靈素的作用，也類似於現代醫學之中酵素或黴菌的作用。

他於四十八歲時死於之後，其著作好不容易才得以出版面世。

薔薇十字會　秘密結社之一。一般認爲，由德國的牧師羅贊克洛伊茲創設於十四世紀的社團，但據說，其起源應追溯至紀元前數千年的古代。

創設者羅贊克洛伊茲的墳墓，雖於其死後經過一百二十二年之後才被發現，但其埋葬室之中，仍有尚未熄滅的「萬古燈」，仍被點亮著，屍體也未腐敗，壁上雕刻著：

「我將在一百二十年之後復活！」

此會依照一貫的「除了以免費治療疾病之外，一切皆不對外公開」這個箴言，藉由遵從卡巴拉神秘學的教義的化學、醫學，圖謀救世，是一種白咒術的集團，其宗旨爲藉由白咒術拯救世人。

另外，在金十字的紅薔薇象徵圖騰上，表示男性的十字，種植了表示女性的薔薇花房，一般認爲，此一圖騰具有產生宇宙的秘密性意義，暗中流傳著。

牛頓、歌德及黑格爾被認爲是此會的成員，根據某一說法，也有人說法蘭西斯・培根，才是此會的真正創設者。

此會傳佈於歐洲各地的教義及運動，很快地從十七世紀前後起被輸入共濟會之中。

薔薇十字會的徽記

哈魯馬根頓　「約翰啓示錄」之中被預言的，人類最終一場國家之間大決戰展開的地方。指以色列的海法港附近的麥基德高地，或是艾茲雷爾平原。也有人說，這個字可轉而比喻人類的最終戰爭。

在「約翰啓示錄」之中，記載著全世界的君王被召集到哈魯馬根頓，持續著地上三分之一範圍受到破壞那麼激烈的戰爭。

巴芭·耶嘉　出現於俄羅斯民間故事的著名女巫。具有「曖昧的女人」之意，有時則採取老嫗的姿態，削瘦、蓬頭垢髮、高眺的模樣，在玉米田被發現。長鼻子、牙齒、下垂的胸部是用鐵製成的。他一吐露咒語就弄倒整片森林，在此期間，他將手腳黏附於牆壁上，用鷹鉤鼻緊貼著天花板。若根據某個民間故事的說法，他房子的門是其用啃噬的人類的手及腳，並磨利牙齒以取代鑰匙。

他乘坐在法器的柄上，飛翔於空中，太空、水、火、風服侍於他，具有按照期望將生物變成石頭的能力。以殘酷的手段吸吮年輕女性的胸部，吃盡孩子們的身體。

根據學者們的說法，巴芭·耶嘉被視爲惡魔的一種，一般認爲，他與德國的魔神貝魯克同種。

帕爾（太陽神）　惡魔的一種。凡間最大的王。以類似於人類的頭部爲中心，左右生有蟾蜍及貓頭，胴體及腳沒有區別，連爲一體。再者，其聲音嘶啞粗嗄。

因爲君臨於東方，所以太陽神帕爾與光關係匪淺，在腓尼基及迦納被當作太陽之神而被崇拜。

另外，據說帕爾帶給人類知性、智慧，

也教導人類隱身術。

惡魔帕爾

畢埃爾占巴布　根據聖經的說法，畢埃爾占巴布是艾克隆之神。艾克隆位於耶路撒冷的西方，是非里斯當族的一個都市。他起初是以名聲極高之姿而聞名遐邇，但現在則被視爲「蒼蠅王」而知名。

之所以如此，那是因爲在艾克倫一地，在唸咒時都使用蒼蠅占卜，而用蒼蠅占卜，則是因爲蒼蠅與靈關係交好，一般認爲，女巫具有變身爲蒼蠅的能力。

另外，根據猶太教的「塔爾姆特書」的說法，蒼蠅被認爲是惡魔所顯現的形貌。

再者，一般而言，畢埃爾占巴布被認爲是惡魔重要的靈體，在新約聖經之中，耶穌基督拯救病人時的一節裏，記載著：

「基督身上被蒼蠅附體了。因爲是被惡魔之中最强的人附體，所以可以驅逐其他的惡魔。」

關於撒旦與畢埃爾占巴布的關係，衆說紛紜，莫衷一是，雖一般認爲畢埃爾占巴布比惡魔更有力量，或者擁有相同程度的力量，但大致上而言是受到同等待遇，被視爲同一等級的惡魔。

畢埃爾占巴布

喜約絲　茄科的藥草之一。莖部高度約有一公尺左右，全株植物上附有黏毛。葉子淺淺地裂開成羽毛狀，初夏時開出綠色、鐘形的花朵。乾燥的喜約絲葉，含有東莨菪碱、喜約絲酶等物質，被利用於鎮痛劑、鎮靜劑、麻醉藥等用途。

另外，嘉約絲也作爲毒藥之用，廣爲人知，一九一〇年，美國的殺人魔克利本博士以由喜約絲所抽出萃取的毒藥，殺害了妻子的事件，非常有名。

女巫們爲了飛翔於空中，在身體上所塗抹的香油之中，也加入這種喜約絲的成分。

精靈　英國的妖精、仙女的總稱。源自於意味著「命運」的拉丁語的名詞。身材具有小孩或普通的大人的大小。據說蘇格蘭的精靈之一被稱爲布拉溫妮，在家人沈睡之後收拾廚房，或是洗碗盤，是喜歡做家事的精靈。再者，在瑞典精靈稱爲比絲凱斯。

據說，精靈居住於湖或川之中，樹木或山丘的洞穴之中，他們喜歡在月光的附近舞踊，另外，擁有千里眼。還有，據說他們有時會盜取人類的孩童，取而代之放下稱爲交換孩童的精靈之子，在人間作姦犯科，無惡不作，使人們誤以爲是人類的孩童在作怪。

布埃爾　學識豐富、有複數腳的惡魔。其知識涉及數學、邏輯、化學等廣泛的範圍。因爲其形貌看起來宛如有五個尖端的星星一般，所以，也有一說其來自於星星。

布埃爾是植物，尤其是由於關於藥草的效用早已爲人熟悉，因此可以治療任何疾病。據說，靠著布埃爾而自疾病之中被挽救的人，只要一保住性命、苟延殘喘下來，便向星星祈禱，請求讓其負起幫助處於困境者的義務。

惡魔布埃爾

法魯卡斯　惡魔之一，地獄的「總裁」，居於崇高的地位。具有關一切事物的知識。有關藥草或礦物的效能也爲人熟知。據說，他教給人們數學及邏輯，且咒術師藉由他的幫助，可以找出寶物或失物。

伏都　爲西非農牧族的名詞，意味著神、靈。在海地作爲傳統的民間信仰，至今仍存續著。在西印度群島受到廣泛的信仰，在特立尼達（千里達共和國）、牙買加、美國南部與多巴哥也各自分別與基督教混合，儘管如此，仍一直被信仰著。

神殿被稱爲羅亞，在海地，被使用於中

央有柱子的普通房屋，一整晚打響太鼓。被稱爲維伊維亞的複雜圖樣描摹於小麥田或咖啡田上，據說，只要在中央的柱子四周兜圈子，繞上幾回，靈就會降臨於此處，而在此處的人有幾人會陷入恍惚、昏睡的狀態，與自己的靈交談。音樂、舞蹈一整晚都持續不輟，山羊、豬、雞作爲供品而呈獻上去。

一般相信，靈棲息於樹木、瀑布、洞窟、石頭、山林、海底等處，最重要的神名爲旦巴拉威德，被視爲棲息於海中的蛇神。

伏都教並非集約的宗教，但在解決戀愛、結婚、人際關係等問題上，或是治療疾病上，佔重要地位。信徒通常是農民，他們儘管掙扎於極度貧窮之中，難以喘息，也不感挫折，伏都也具有如此自我表現的意義。

布拉巴茲奇·赫雷那（一八三一～一八九一年）　神秘宗教狄歐索費的創設者，心靈研究家，出生於俄羅斯。他自稱H·P·B，著作了超古代論《秘密教義》。

根據此書，據說，以人類爲開端的地球生命，經過七個周期之後產生進化。第一期的人類是肖似於水母的一種外星人，第二期居住在北極，第三期爲雷姆里亞人，是利用雌雄同體由卵出生。第四期是擁有完整人類形貌的阿特蘭提斯人，接著現在的人類相當於第六期，不久之後，第六期的人類將會出現。如此說法爲其主旨。

據說，他在所謂的恍惚（無意識）狀態之中，見到偉大的人們的靈魂，而根據這些偉人的指導，寫下其著作。

普拉那　生命的原理。在印度教之中，據說它是指對維持生命體來說成爲活力來源的能源、精力而言。存在於氧分子之中，從健康的人身上散發出許多普拉那，生病的人則是此一物質不足。銅製品等物品，由於一般而言，認爲是導體的物品經常傳導許多普拉那，因此，購買中古的貴重金屬之類物品。但之後惡事連連、不斷發生的時候，一般認爲，多半是以前的持有者的普拉那與新的主人的普拉那，不十分合稱所致。

自由的石匠　秘密結社之一。「自由的石匠」這個名稱，原本這個結社是建立以色列的神殿古代埃及人的基爾特（同業公會），因爲他們被免除稅賦，所以命名爲「自由的石匠」。古代埃及的石匠們，雖在被稱爲羅楫的小屋生活，但這種共同宿舍最後也變成被使用結社的支部集會場所之意。

近代的「自由的石匠」組織，於一七一七年在英國總羅楫組成，與此同時，也一起開其活動。接著，迅即擴及整個歐洲，美洲、亞洲都增添了支部。富蘭克林及華盛頓都是其會員，此事是著名的小插曲，一直爲人所津津樂道。被描繪於美國一元紙幣的眼睛圖形，與「自由的石匠」的象徵記號是同樣的東西，更是無人不知、無人不曉。

薔薇十字會爲謀求東方的神秘主義與西方的基督教，兩者融和的友善結社，相對於此，「自由的石匠」是採納東方的工學與猶太的秘法秘密結社，且在基督教被禁止的「艾諾克書」及「所羅門的鑰匙」等書，都被其作爲教典。

貝亨蒙特　擁有殘忍的力量的惡魔。關於這位貝亨蒙特，就像一般認爲創造主向撒旦說的話一樣：「如牛一般吃草，力量潛藏於腰部。肚臍上具有其價值。」似乎是一個未被賦予偉大智慧及豐富知識的惡魔。

惡魔貝亨蒙特

賓達克爾　指有五個前端的星形而言，形成星形的線，分別交叉。

咒術師們將此視爲魔神的足跡，使用於召喚魔神，或是爲了使魔神不靠近過來這兩方面。再者，所羅門王祈願建立神殿時，天使夫法埃爾將此賓達克爾的指環作爲鎮壓所有魔神的力量（所謂的所羅王的指環），給予所羅門王。

同樣地，六角星被稱爲「達維狄之星」，除了成爲猶太教的象徵之外，自古起即被刻上護符等圖形。

在鍊金術之中，它被視爲將火的象徵（向上的三角形）與水的象徵（倒三角形）加以咒術性地組合的東西。

賓達克爾

波魯塔加伊斯特　在德語之中，是指騷靈

（Noise Ghost）。被翻譯成騷靈現象。

騷靈們敲擊東西，或是搬動家具，發出其他各種各樣的物體聲音，被視爲使人得知其存在，昭告天下的幽靈。雖然發出聲音，但其形貌身姿不常被目擊。另外，在有小孩的家庭等地方，經常發生騷靈現象。

魔印　作爲證明是女巫的印記，被蓋在身上。有先天的印記及後天的印記。若有呈蝙蝠或小動物的形狀的黑痣或雀斑，或者與生俱來具有多餘的乳頭（爲了給予差遣小鬼們乳汁而生的）等等，則認爲這個女性作爲女巫而出生的命運已被確定無疑。

作爲後天的身體印記，是與惡魔進行締結契約時，被惡魔啃嚙，或被其用爪子勾住所出現的小傷痕。在東法國，一般認爲身體印記是印在左肩上，而呈兔子足跡的形狀或青蛙的形狀。另外，有時也有被戳記於不太顯眼、隱密的私處或眼瞼上的情形。

馬札・西布頓（一四八八～一五六一年）

據說本名爲賈內特亞修拉・沙華西，英國的預言者。

其母親雅佳莎被傳言爲女巫，一般認爲，他是容貌醜陋的「惡魔之女」。據說，自孩提時代起，他就發揮母親所傳授的奇異力量，嘲弄他的人，他便以無形的力量飛擲過去，讓對方受到一陣痛毆。

馬氏以韻文的形式遺留下數則預言，使由於亨利八世而發起的北法國侵略戰爭（一五一三年），以及倫敦的大火（一六六六年）等大事件，都一一應驗。

女巫審判　一四八四年法王伊諾肯狄華八世，開始發出禁止法術及咒術的勒書，從此之後，女巫審判於焉展開。基於女巫或妖術師等人應視爲異端者而加以處刑此一主張，使用咒術的人，或者被懷疑與惡魔有所牽扯的人，甚或有女巫嫌疑的人，都紛紛被捕，交付至法庭審問。

被懷疑者一旦否認自己是女巫，就遭受到殘忍的拷問，根本沒有規避女巫罪嫌的方法，可以說是無計可施，束手無策。而且，據說一旦因審判而被認定是女巫，就會在眾多人們的親眼目睹之下，藉由火炙之刑，活生生地燒死。

一般認爲，由於如此的「女巫獵殺行動」而被殺害的人數，僅是十六、七世紀，便超過二十萬人。

女巫之槌　一四八五年，根據法王伊諾肯狄華斯的命令，由道明修會修道士英史迪特里斯及修布雷加記載下來，是爲了女巫審判而寫的入門書。以處刑異端者爲目的，女巫的分辨法、審判的做法等等，都詳細地記載著。出版之後，此書一再再版，給「女巫狩獵活動」加了一把勁，使其更爲熱烈。

女巫之瓶　爲了對抗魔力的攻擊的一種驅魔避邪的物品。

將犧牲品的尿液、頭髮、爪子的一部份裝入瓶子之中，一起攪混鐵爪、別針、刺等，緊緊地塞上軟木塞，深夜在火中煮沸（此時，應關閉所有的門及窗）。再者，不可以開口說出一句說。

於是，女巫感覺疼痛，前來請求給他進入屋子裏。一般認爲，如果瓶子破了，女巫就會死亡，而軟木塞彈開飛出的話，則女巫便無法逃脫。

使用完畢的瓶子，應將其埋藏於地下，永遠不見天日。

馬尼教　波斯人馬尼所提倡的宗教，從三世紀至七世紀，仍很興盛的二元論宗教。古諾西斯派的基督教、太陽神教（非常類似於基督教的同時代宗教，施行血的洗禮，此宗教是融合了古代波斯的馬基教（密教的一種）以及佛教等教派，以神與惡魔、善與惡、光明與黑暗的對立，作爲宇宙的根本原理。直至十三世紀左右爲止，受到馬尼教的影響所及，在南法，批判當時的教會種種腐敗的人們，稱爲卡達利派（在希臘語之中，爲「純粹的人們」之意），創立了奉行馬尼教的二元論及禁慾主義的一個教派。

魔法之圓　召喚惡魔，下達命令時，一般認爲若站入圓內而施行法術便安全無虞的圓。雖是有各種各樣形狀的東西，但最爲著名的是亞古里巴所想出來的魔法之圓。這是將自古即流傳下來的降靈術的三個輪圈，以及六星形的「所羅門的鑰匙」加以組合的東西。

再者，至於其他的魔法之圓，則是在輪圈的中央描繪三角形，在其兩旁豎立起蠟燭，在剩餘三角形的一邊的下方也有，於兩側標記劃上十字、稱爲ＪＨＳ的神聖文字的魔法之圓。

魔術師們站立於如此的魔法之圓的內側，唸誦咒文，召喚出惡魔。然後，即使有任何事情發生也不可以站出圓外，或是將自己交給惡魔。

只要在圓的外側丟上與惡魔的契約書即可——這是一般的想法。

亞古里巴的魔法之圓

妖魔附身　被惡魔纏住而變成精神錯亂的狀態。於十七世紀法國的修道院中，發生的「天使嘉恩奴」妖魔附身事件，是其中典型的例子。

　據說，名爲庫拉迪埃的英俊主教，使修女嘉恩奴迷戀於色慾的惡魔，無法脫身，而使他引起歇斯底里症的發作，這便是所謂的「妖魔附身」。據說，其他的修女們都同樣被妖魔附身，一整天都四處亂奔亂竄，像瘋狂似地呼喚庫拉迪埃的名字。

　雖由祈禱師所主持的祓除惡魔獲得成功，惡魔們從嘉恩奴之身離去，但此時，祈禱師與惡魔阿斯莫狄伍斯之間互換的契約書，現在仍被保存於巴黎的國立博物館。

馬林　服侍於亞瑟王的咒術師。他是由夢魔的父親，與人間的母親之間所生的男孩，利用可以任意變幻外貌的技巧，幫助亞瑟王。

　然而，他受到情人即女巫薇薇安的欺騙，被關閉在一株橡樹之中，自此以後成爲他永遠的俘虜。

　另外，亞瑟王的姊姊且會使用妖術的蒙佳．魯．芙伊，也是馬林傳授給他各種各樣的妖術。

馬魯可西亞斯　惡魔之一。地獄的大侯爵。

化身爲擁有羽翼的狼，四處走動，據說從其口中會不斷地吐出火焰。

因爲博學多聞，所以雖不消說也能變身爲人類，但在大多數的時候，採取士兵的形貌。之所以如此，正是因擅長於戰略的知識，是一位優秀的軍神。在一決勝負之際，被認爲只要向馬魯可西亞斯祈禱，便可大獲全勝，即是因爲這個緣故。

惡魔馬魯可西亞斯

另外，他在撒旦墮落地獄之前，隸屬於主天使。

卍 也稱爲史瓦斯迪（在梵語之中爲「祥瑞」之意）的記號，從古以來在世界各地即一直被使用於符咒等事物，作爲希特勒納粹德國的象徵記號的反卍字，也人人皆知。

表示四個方位（東南西北）、四季、四個風向，作爲關乎生命、運動的幸運印記，被標記於咒文或咒符等東西之上。

歐傷牛草 地中海地方所產的毒草。也稱爲曼德拉果拉。雖然有毒，但若正確地使用，則作爲麻醉藥或鎮靜劑也很有助益。女巫們將歐傷牛草的根攙混於香油之中，或是攙混於春藥之中，活用的範圍非常廣泛。

因爲根分成兩股的樣子令人聯想起人

類，所以一般相信它是半爲植物、半爲人類的精靈。再者，一般認爲一旦將一根歐傷牛草從地上拔起，這種動作將惹得精靈嫌惡，提高尖銳刺耳的聲音，變身一隻黑狗而死去。因此，一般認爲一旦發現歐傷牛草。不要立刻採摘，在星期五的日出之前，應帶著爲了遮攔尖銳刺耳聲音的耳塞，只要攜同全黑的狗即可。

如此一來，用紅酒清洗到手的歐傷牛草，包裹於紅白相間的手絹裏，穿上小件的白色袈裟。然後，收藏於專用的溫暖場所，每個星期五，重複進行用酒清洗歐傷牛草的作業。據說這麼一做的話，歐傷牛草爲了懇切地報答爲其清洗的人，就會爲主人增加金錢、財富，不斷地「繁殖」隨時帶來財運。所以，歐傷牛草不可以任意採摘，否則將會爲自己帶來災禍。

歐傷牛草

魯西菲爾　魔界之王。雖原本是光之天使，但於與神的交戰中敗北，被從天界裏放逐出來。

擁有莫大的權力，一般認爲爲了要召喚出在惡魔之中位階較高的惡魔，若不委請這位魯西菲爾幫忙，則必不成功。

另外，藉由利用魯西菲爾所擁有的記號，雖能請求他助一臂之力，但在這個時候，若不呈獻犧牲品，則必須一輩子聽從魯西菲爾的命令。

魯恩秘密文字　古代日耳曼民族所使用的文字。魯恩（Rune）原本爲意味著「秘密」的名詞，也成爲「奔跑」這個意義的Run字的語源。在北歐神話之中，魯恩是自古以來即流傳下來的，作爲英明睿智的象徵而被描繪著。在北歐，即使至今，魯恩文字的魔力仍被深信不疑。

魯恩文字作爲象徵而被表現出來，由於分別孕育宇宙的能源，因此，多半被使用於作爲符咒。

鍊金術　開始於古代埃及，流傳於歐洲的一種化學技術。Alchemy，一般認爲鍊金術師們，擁有自然界的一切物質，是隱身的精靈，因爲從其中的某一個，任何一個都可以，所以若能分離、取出根本物質的精靈，則能使此物質變成其他一切事物，成爲與自己同一形貌。

也就是說，若是金，則金的根本物質＝若能取得精（即一般所謂的「賢者之石」這個東西），只要使其他的一切物質碰觸金，便能變成金之意。

而且，將爲此而必要的「一切物質」加以溶解，儘可能地取出內部精華的液體，應製造出所謂的萬能化液，嘗試各種各樣的實驗。

另外，一般相信鍊金術師們藉由「賢者之石」，可以製造出萬能治療藥、長生不老之藥鍊金丹。

羅賓·福德　十二世紀時英國的傳奇性英雄人物，在許多民謠之中被歌頌著。

他與十二名追隨者一起住在森林之中，因爲非常喜歡使用小妖精的箭，所以使人聯想到十三個女巫的集會。他雖是男性，但也有人說他可能是女巫，深爲懷疑。再者，在自古即流傳下來的傳說之中，也記載著他具備了妖精的魔力。

華布魯基斯之夜　在東歐（尤其是德國），女巫們的大集會之日。五月節的前夕，也就是指四月三十夜晚而言。

一般認爲，在此夜晚，衆多女巫聚集於黑森林的最高峰布洛肯的頂上，舉行盛大的儀式。所謂華布魯基斯，是一位著名之修女的名字。

在英國，稱此日爲十字架節，德落伊教教徒在山頂進行儀式。

大展出版社有限公司	圖書目錄

地址：台北市北投區11204
致遠一路二段12巷1號
郵撥： 0166955～1
電話：(02) 8236031
8236033
傳眞：(02) 8272069

•法律專欄連載•電腦編號58

台大法學院 法律學系／策劃
法律服務社／編著

①別讓您的權利睡著了[1] 200元
②別讓您的權利睡著了[2] 200元

•秘傳占卜系列•電腦編號14

①手相術	淺野八郎著	150元
②人相術	淺野八郎著	150元
③西洋占星術	淺野八郎著	150元
④中國神奇占卜	淺野八郎著	150元
⑤夢判斷	淺野八郎著	150元
⑥前世、來世占卜	淺野八郎著	150元
⑦法國式血型學	淺野八郎著	150元
⑧靈感、符咒學	淺野八郎著	150元
⑨紙牌占卜學	淺野八郎著	150元
⑩ＥＳＰ超能力占卜	淺野八郎著	150元
⑪猶太數的秘術	淺野八郎著	150元
⑫新心理測驗	淺野八郎著	160元

•趣味心理講座•電腦編號15

①性格測驗１	探索男與女	淺野八郎著	140元
②性格測驗２	透視人心奧秘	淺野八郎著	140元
③性格測驗３	發現陌生的自己	淺野八郎著	140元
④性格測驗４	發現你的真面目	淺野八郎著	140元
⑤性格測驗５	讓你們吃驚	淺野八郎著	140元
⑥性格測驗６	洞穿心理盲點	淺野八郎著	140元
⑦性格測驗７	探索對方心理	淺野八郎著	140元
⑧性格測驗８	由吃認識自己	淺野八郎著	140元
⑨性格測驗９	戀愛知多少	淺野八郎著	140元

⑩性格測驗10	由裝扮瞭解人心	淺野八郎著	140元
⑪性格測驗11	敲開內心玄機	淺野八郎著	140元
⑫性格測驗12	透視你的未來	淺野八郎著	140元
⑬血型與你的一生		淺野八郎著	160元
⑭趣味推理遊戲		淺野八郎著	160元
⑮行爲語言解析		淺野八郎著	160元

•婦 幼 天 地•電腦編號16

①八萬人減肥成果	黃靜香譯	180元
②三分鐘減肥體操	楊鴻儒譯	150元
③窈窕淑女美髮秘訣	柯素娥譯	130元
④使妳更迷人	成　玉譯	130元
⑤女性的更年期	官舒妍編譯	160元
⑥胎內育兒法	李玉瓊編譯	150元
⑦早產兒袋鼠式護理	唐岱蘭譯	200元
⑧初次懷孕與生產	婦幼天地編譯組	180元
⑨初次育兒12個月	婦幼天地編譯組	180元
⑩斷乳食與幼兒食	婦幼天地編譯組	180元
⑪培養幼兒能力與性向	婦幼天地編譯組	180元
⑫培養幼兒創造力的玩具與遊戲	婦幼天地編譯組	180元
⑬幼兒的症狀與疾病	婦幼天地編譯組	180元
⑭腿部苗條健美法	婦幼天地編譯組	150元
⑮女性腰痛別忽視	婦幼天地編譯組	150元
⑯舒展身心體操術	李玉瓊編譯	130元
⑰三分鐘臉部體操	趙薇妮著	160元
⑱生動的笑容表情術	趙薇妮著	160元
⑲心曠神怡減肥法	川津祐介著	130元
⑳內衣使妳更美麗	陳玄茹譯	130元
㉑瑜伽美姿美容	黃靜香編著	150元
㉒高雅女性裝扮學	陳珮玲譯	180元
㉓蠶糞肌膚美顏法	坂梨秀子著	160元
㉔認識妳的身體	李玉瓊譯	160元
㉕產後恢復苗條體態	居理安•芙萊喬著	200元
㉖正確護髮美容法	山崎伊久江著	180元
㉗安琪拉美姿養生學	安琪拉蘭斯博瑞著	180元
㉘女體性醫學剖析	增田豐著	220元
㉙懷孕與生產剖析	岡部綾子著	180元
㉚斷奶後的健康育兒	東城百合子著	220元
㉛引出孩子幹勁的責罵藝術	多湖輝著	170元
㉜培養孩子獨立的藝術	多湖輝著	170元

㉝子宮肌瘤與卵巢囊腫	陳秀琳編著	180元
㉞下半身減肥法	納他夏・史達賓著	180元
㉟女性自然美容法	吳雅菁編著	180元

・青 春 天 地・電腦編號 17

①A血型與星座	柯素娥編譯	120元
②B血型與星座	柯素娥編譯	120元
③O血型與星座	柯素娥編譯	120元
④AB血型與星座	柯素娥編譯	120元
⑤青春期性教室	呂貴嵐編譯	130元
⑥事半功倍讀書法	王毅希編譯	150元
⑦難解數學破題	宋釗宜編譯	130元
⑧速算解題技巧	宋釗宜編譯	130元
⑨小論文寫作秘訣	林顯茂編譯	120元
⑪中學生野外遊戲	熊谷康編著	120元
⑫恐怖極短篇	柯素娥編譯	130元
⑬恐怖夜話	小毛驢編譯	130元
⑭恐怖幽默短篇	小毛驢編譯	120元
⑮黑色幽默短篇	小毛驢編譯	120元
⑯靈異怪談	小毛驢編譯	130元
⑰錯覺遊戲	小毛驢編譯	130元
⑱整人遊戲	小毛驢編著	150元
⑲有趣的超常識	柯素娥編譯	130元
⑳哦！原來如此	林慶旺編譯	130元
㉑趣味競賽100種	劉名揚編譯	120元
㉒數學謎題入門	宋釗宜編譯	150元
㉓數學謎題解析	宋釗宜編譯	150元
㉔透視男女心理	林慶旺編譯	120元
㉕少女情懷的自白	李桂蘭編譯	120元
㉖由兄弟姊妹看命運	李玉瓊編譯	130元
㉗趣味的科學魔術	林慶旺編譯	150元
㉘趣味的心理實驗室	李燕玲編譯	150元
㉙愛與性心理測驗	小毛驢編譯	130元
㉚刑案推理解謎	小毛驢編譯	130元
㉛偵探常識推理	小毛驢編譯	130元
㉜偵探常識解謎	小毛驢編譯	130元
㉝偵探推理遊戲	小毛驢編譯	130元
㉞趣味的超魔術	廖玉山編著	150元
㉟趣味的珍奇發明	柯素娥編著	150元
㊱登山用具與技巧	陳瑞菊編著	150元

・健康天地・電腦編號18

①壓力的預防與治療	柯素娥編譯	130元
②超科學氣的魔力	柯素娥編譯	130元
③尿療法治病的神奇	中尾良一著	130元
④鐵證如山的尿療法奇蹟	廖玉山譯	120元
⑤一日斷食健康法	葉慈容編譯	150元
⑥胃部強健法	陳炳崑譯	120元
⑦癌症早期檢查法	廖松濤譯	160元
⑧老人痴呆症防止法	柯素娥編譯	130元
⑨松葉汁健康飲料	陳麗芬編譯	130元
⑩揉肚臍健康法	永井秋夫著	150元
⑪過勞死、猝死的預防	卓秀貞編譯	130元
⑫高血壓治療與飲食	藤山順豐著	150元
⑬老人看護指南	柯素娥編譯	150元
⑭美容外科淺談	楊啟宏著	150元
⑮美容外科新境界	楊啟宏著	150元
⑯鹽是天然的醫生	西英司郎著	140元
⑰年輕十歲不是夢	梁瑞麟譯	200元
⑱茶料理治百病	桑野和民著	180元
⑲綠茶治病寶典	桑野和民著	150元
⑳杜仲茶養顏減肥法	西田博著	150元
㉑蜂膠驚人療效	瀨長良三郎著	150元
㉒蜂膠治百病	瀨長良三郎著	180元
㉓醫藥與生活	鄭炳全著	180元
㉔鈣長生寶典	落合敏著	180元
㉕大蒜長生寶典	木下繁太郎著	160元
㉖居家自我健康檢查	石川恭三著	160元
㉗永恒的健康人生	李秀鈴譯	200元
㉘大豆卵磷脂長生寶典	劉雪卿譯	150元
㉙芳香療法	梁艾琳譯	160元
㉚醋長生寶典	柯素娥譯	180元
㉛從星座透視健康	席拉・吉蒂斯著	180元
㉜愉悅自在保健學	野本二士夫著	160元
㉝裸睡健康法	丸山淳士等著	160元
㉞糖尿病預防與治療	藤田順豐著	180元
㉟維他命長生寶典	菅原明子著	180元
㊱維他命C新效果	鐘文訓編	150元
㊲手、腳病理按摩	堤芳郎著	160元
㊳AIDS瞭解與預防	彼得塔歐爾著	180元

㊴甲殼質殼聚糖健康法	沈永嘉譯	160元
㊵神經痛預防與治療	木下眞男著	160元
㊶室內身體鍛鍊法	陳炳崑編著	160元
㊷吃出健康藥膳	劉大器編著	180元
㊸自我指壓術	蘇燕謀編著	160元
㊹紅蘿蔔汁斷食療法	李玉瓊編著	150元
㊺洗心術健康秘法	竺翠萍編譯	170元
㊻枇杷葉健康療法	柯素娥編譯	180元
㊼抗衰血癒	楊啟宏著	180元
㊽與癌搏鬥記	逸見政孝著	180元
㊾冬蟲夏草長生寶典	高橋義博著	170元
㊿痔瘡・大腸疾病先端療法	宮島伸宜著	180元
51膠布治癒頑固慢性病	加瀨建造著	180元
52芝麻神奇健康法	小林貞作著	170元
53香煙能防止癡呆？	高田明和著	180元
54穀菜食治癌療法	佐藤成志著	180元

・實用女性學講座・電腦編號 19

①解讀女性內心世界	島田一男著	150元
②塑造成熟的女性	島田一男著	150元
③女性整體裝扮學	黃靜香編著	180元
④女性應對禮儀	黃靜香編著	180元

・校 園 系 列・電腦編號 20

①讀書集中術	多湖輝著	150元
②應考的訣竅	多湖輝著	150元
③輕鬆讀書贏得聯考	多湖輝著	150元
④讀書記憶秘訣	多湖輝著	150元
⑤視力恢復！超速讀術	江錦雲譯	180元
⑥讀書36計	黃柏松編著	180元
⑦驚人的速讀術	鐘文訓編著	170元

・實用心理學講座・電腦編號 21

①拆穿欺騙伎倆	多湖輝著	140元
②創造好構想	多湖輝著	140元
③面對面心理術	多湖輝著	160元
④偽裝心理術	多湖輝著	140元
⑤透視人性弱點	多湖輝著	140元

⑥自我表現術	多湖輝著	150元
⑦不可思議的人性心理	多湖輝著	150元
⑧催眠術入門	多湖輝著	150元
⑨責罵部屬的藝術	多湖輝著	150元
⑩精神力	多湖輝著	150元
⑪厚黑說服術	多湖輝著	150元
⑫集中力	多湖輝著	150元
⑬構想力	多湖輝著	150元
⑭深層心理術	多湖輝著	160元
⑮深層語言術	多湖輝著	160元
⑯深層說服術	多湖輝著	180元
⑰掌握潛在心理	多湖輝著	160元
⑱洞悉心理陷阱	多湖輝著	180元
⑲解讀金錢心理	多湖輝著	180元
⑳拆穿語言圈套	多湖輝著	180元
㉑語言的心理戰	多湖輝著	180元

•超現實心理講座•電腦編號 22

①超意識覺醒法	詹蔚芬編譯	130元
②護摩秘法與人生	劉名揚編譯	130元
③秘法！超級仙術入門	陸　明譯	150元
④給地球人的訊息	柯素娥編著	150元
⑤密教的神通力	劉名揚編著	130元
⑥神秘奇妙的世界	平川陽一著	180元
⑦地球文明的超革命	吳秋嬌譯	200元
⑧力量石的秘密	吳秋嬌譯	180元
⑨超能力的靈異世界	馬小莉譯	200元
⑩逃離地球毀滅的命運	吳秋嬌譯	200元
⑪宇宙與地球終結之謎	南山宏著	200元
⑫驚世奇功揭秘	傅起鳳著	200元
⑬啟發身心潛力心象訓練法	栗田昌裕著	180元
⑭仙道術遁甲法	高藤聰一郎著	220元
⑮神通力的秘密	中岡俊哉著	180元

•養 生 保 健•電腦編號 23

①醫療養生氣功	黃孝寬著	250元
②中國氣功圖譜	余功保著	230元
③少林醫療氣功精粹	井玉蘭著	250元
④龍形實用氣功	吳大才等著	220元

⑤魚戲增視強身氣功	宮　嬰著	220元
⑥嚴新氣功	前新培金著	250元
⑦道家玄牝氣功	張　章著	200元
⑧仙家秘傳袪病功	李遠國著	160元
⑨少林十大健身功	秦慶豐著	180元
⑩中國自控氣功	張明武著	250元
⑪醫療防癌氣功	黃孝寬著	250元
⑫醫療強身氣功	黃孝寬著	250元
⑬醫療點穴氣功	黃孝寬著	250元
⑭中國八卦如意功	趙維漢著	180元
⑮正宗馬禮堂養氣功	馬禮堂著	420元
⑯秘傳道家筋經內丹功	王慶餘著	280元
⑰三元開慧功	辛桂林著	250元
⑱防癌治癌新氣功	郭　林著	180元
⑲禪定與佛家氣功修煉	劉天君著	200元
⑳顛倒之術	梅自強著	元
㉑簡明氣功辭典	吳家駿編	元

•社會人智囊•電腦編號24

①糾紛談判術	清水增三著	160元
②創造關鍵術	淺野八郎著	150元
③觀人術	淺野八郎著	180元
④應急詭辯術	廖英迪編著	160元
⑤天才家學習術	木原武一著	160元
⑥猫型狗式鑑人術	淺野八郎著	180元
⑦逆轉運掌握術	淺野八郎著	180元
⑧人際圓融術	澀谷昌三著	160元
⑨解讀人心術	淺野八郎著	180元
⑩與上司水乳交融術	秋元隆司著	180元
⑪男女心態定律	小田晉著	180元
⑫幽默說話術	林振輝編著	200元
⑬人能信賴幾分	淺野八郎著	180元
⑭我一定能成功	李玉瓊譯	元
⑮獻給青年的嘉言	陳蒼杰譯	元
⑯知人、知面、知其心	林振輝編著	元

•精　選　系　列•電腦編號25

①毛澤東與鄧小平	渡邊利夫等著	280元
②中國大崩裂	江戶介雄著	180元

③台灣・亞洲奇蹟	上村幸治著	220元
④7-ELEVEN高盈收策略	國友隆一著	180元
⑤台灣獨立	森　詠著	200元
⑥迷失中國的末路	江戶雄介著	220元
⑦2000年5月全世界毀滅	紫藤甲子男著	180元

・運動遊戲・電腦編號26

①雙人運動	李玉瓊譯	160元
②愉快的跳繩運動	廖玉山譯	180元
③運動會項目精選	王佑京譯	150元
④肋木運動	廖玉山譯	150元
⑤測力運動	王佑宗譯	150元

・銀髮族智慧學・電腦編號28

①銀髮六十樂逍遙	多湖輝著	170元
②人生六十反年輕	多湖輝著	170元
③六十歲的決斷	多湖輝著	170元

・心靈雅集・電腦編號00

①禪言佛語看人生	松濤弘道著	180元
②禪密教的奧秘	葉逯謙譯	120元
③觀音大法力	田口日勝著	120元
④觀音法力的大功德	田口日勝著	120元
⑤達摩禪106智慧	劉華亭編譯	150元
⑥有趣的佛教研究	葉逯謙編譯	120元
⑦夢的開運法	蕭京凌譯	130元
⑧禪學智慧	柯素娥編譯	130元
⑨女性佛教入門	許俐萍譯	110元
⑩佛像小百科	心靈雅集編譯組	130元
⑪佛教小百科趣談	心靈雅集編譯組	120元
⑫佛教小百科漫談	心靈雅集編譯組	150元
⑬佛教知識小百科	心靈雅集編譯組	150元
⑭佛學名言智慧	松濤弘道著	220元
⑮釋迦名言智慧	松濤弘道著	220元
⑯活人禪	平田精耕著	120元
⑰坐禪入門	柯素娥編譯	150元
⑱現代禪悟	柯素娥編譯	130元
⑲道元禪師語錄	心靈雅集編譯組	130元

國家圖書館出版品預行編目資料

女巫的咒法/威巴・克莉絲基娜著；柯素娥譯，
—— 初版，—— 臺北市，大展，民85
面；　　公分，——（命理與預言；16）
譯自：魔女の咒法
ISBN 957-557-649-7（平裝）

1. 符咒

295　　　　　　　　　　85011639

女巫的咒法

ISBN 957-557-649-7

原 著 者/ 威巴・克莉絲基娜
編 譯 者/ 柯　素　娥
發 行 人/ 蔡　森　明
出 版 者/ 大展出版社有限公司
社　　址/ 台北市北投區（石牌）
致遠一路2段12巷1號
電　　話/（02）8236031・8236033
傳　　真/（02）8272069
郵政劃撥/ 0166955-1
登 記 證/ 局版臺業字第2171號

承 印 者/ 國順圖書印刷公司
裝　　訂/ 嶸興裝訂有限公司
排 版 者/ 弘益電腦排版有限公司
電　　話/（02）5611592
初　　版/ 1996年（民85年）11月
定　　價/ **230元**

大展好書 好書大展